O SINDICALISMO BRASILEIRO
CLAMA POR SOCORRO

FERNANDO ALVES DE OLIVEIRA

O SINDICALISMO BRASILEIRO CLAMA POR SOCORRO

Um alerta aos sindicalistas
e aos contribuintes dos sindicatos

Editora
LTr
SÃO PAULO

Dados Internacionais de Catalogação na Publicação (CIP)
(Câmara Brasileira do Livro, SP, Brasil)

Oliveira, Fernando Alves de
   O sindicalismo brasileiro clama por socorro : um alerta aos sindicalistas e aos contribuintes dos sindicatos / Fernando Alves de Oliveira. — São Paulo : LTr, 2001.

   Bibliografia.
   ISBN 85-361-0023-0
   1. Sindicalismo — Brasil 2. Sindicatos — Brasil I. Título.

00-5295   CDD-335.820981

Índices para catálogo sistemático:
1. Brasil : Sindicalismo : Economia
   335.820981

Composição: **LINOTEC**
Capa: **ROGERIO MANSINI**
Impressão: **BOOK-RJ**

(Cód. 2292.1)

©Todos os direitos reservados

EDITORA LTDA.

Rua Apa, 165 - CEP 01201-904 - Fone (11) 3826-2788 - Fax (11) 3826-9180
São Paulo, SP - Brasil - www.ltr.com.br

2001

INTRODUÇÃO

Este é um livro nada convencional sobre o tema por ele proposto, isto é, o iminente fim do atual modelo sindical, pelo menos de fato, de vez que de direito ele prossegue, ainda que trôpego, numa desesperada busca idêntica do enfermo portador de mal crônico em busca de algo que, ainda que não possa salvá-lo, pelo menos possa dar-lhe novo alento, ainda que efêmero.

Como isso é praticamente impossível, aos sessenta anos caminha para seu triste fim, sob os olhares impassíveis tanto do Estado como da maioria dos seus partícipes que, principalmente ao longo dos últimos dez anos não procuraram curar-lhe as feridas e revitalizá-lo com o tônico da modernidade e dos novos tempos. Exangue, aguarda a fase terminal dos estertores da morte, enquanto aqueles a quem competia a responsabilidade de salvá-lo, enquanto ainda era possível, caberá a sinistra tarefa de cavar sua cova, competindo-lhes ainda a responsabilidade de redigir seu epitáfio, certamente não muito brilhante, até porque a estes faltará inspiração para reverenciar o então falecido, preocupados que estarão com a sua própria sobrevivência.

Decidi-me a escrevê-lo para adentrar no cerne da questão. A da ruptura deste falido atual modelo sindical brasileiro, vivendo os derradeiros momentos de seu fenecimento. Com a coragem e o destemor de sempre, não tendo o menor receio de enfrentar e desnudar alguns verdadeiros tabus que mitificam determinadas facetas do nosso sindicalismo e numa linguagem direta, mutilada de desnecessários rebuços ou circunlóquios.

Não estivesse imbuído desse espírito e não dispusesse do pleno poder do exercício da crítica dentro dos padrões da mais absoluta seriedade e responsabilidade, porém, independente, sem atrelamento, tutela ou censura de quem quer que seja, e portanto, no mais alto estilo da franqueza, não perderia meu tempo em produzi-lo. Os que me conhecem, sabem e, se instados sobre meu inabalável determinismo, certamente poderão atestar isso.

Esta é, pois, uma singela obra desenvolvida por um profissional da área operativa do sindicalismo patronal, com a credencial de uma experiência vivenciada ao redor de 25 anos de trabalho nas hostes associativistas na direção e administração executiva de entidades de classe, e de profundo e dedicado trabalho de estudo dos seus correspondentes processos de operacionalização, estratégia e logística.

Confessadamente, não tenho nem poderia ter a pretensão de adentrar para qualquer outro terreno, senão circunscrito ao sítio da direção e administração associativa e sindical, onde desdobrei os meus conhecimentos teóricos e práticos a propósito da matéria versada.

Em função dessas limitações, as eventuais questões de ordem legal decorrentes, os questionamentos de teses e os debates acadêmicos afins e pertinentes, devem necessariamente ser suscitados e desenvolvidos pelos mestres do Direito, aos quais todos nós, partícipes do sindicalismo nacional, sempre reverenciamos e nos curvamos, em face dos seus doutos conhecimentos, pareceres e conclusões, ainda que racional, democrática e civilizadamente possamos discordar de alguns desses eventuais entendimentos.

Assim, cumpre deixar devida e convenientemente ressaltado — e da forma mais explícita possível — que o contido neste livro resulta das observações agregadas no decurso da minha vida laboral e representam uma sincera contribuição — ainda que modesta — para, quiçá, o surgimento de um novo tipo de sindicalismo que venha a funcionar como um verdadeiro interregno até as modificações de direito entre a unidade e a autonomia sindical, esta um verdadeiro imperativo exigido pela evolução das relações do trabalho, e que com absoluta convicção culminará — mais dia menos dia — por suceder esse modelo sexagenário, anacrônico e em fase terminal.

Este ensaio (que na verdade é como literalmente e na melhor acepção do termo pode ser denominado este trabalho) tem por fundados objetivos ser um sinalizador da chegada desses novos tempos, pregando necessariamente mudanças de comportamento aos que desejarem sobreviver ao olho do furacão que está a cada dia mais próximo. É ponto pacífico que os ventos uivantes já chegaram. Destarte, a intensificação do tornado é mera questão de tempo. Convém a todos buscar refúgio seguro, especialmente aqueles que dormitam letargicamente no quintal paternalista do Estado, imutavelmente inerte, parasitário, e reconhecidamente omisso, não obstante seus raros lampejos de interveniência, os quais, contudo, não vão além da intenção.

Oxalá, todos os protagonistas que atuam no amplo cenário do sindicalismo brasileiro — principalmente os seus expoentes maiores, os que realmente se destacam como formadores de opinião — identicamente trouxessem sua contribuição ao tema, principalmente neste momento delicado que o sexagenário sistema implementado por Getúlio Dornelles Vargas, e que em época remota viveu seus dias de glória e de verdadeiro apogeu.

E como quase tudo na vida: depois dos pincaros celestes sobrevem a decadência, o ostracismo, e, finalmente, o perigeu, onde o atual sistema sindical encontra-se irremediavelmente mergulhado.

Com antecipadas escusas pela pretensão — embora ela seja de toda legítima e me pareça extremamente salutar — sentir-me-ei profundamente agradecido e desvanecido se estes meus escritos despertarem a atenção não só dos partícipes da vida sindical brasileira, como — e de forma muito especial — dos contribuintes dos sindicatos, eles que na verdade sempre foram e continuarão sendo daqui por diante — de forma muito mais relevante — os verdadeiros sustentáculos dessas entidades na qualidade de seus associados espontâneos, muito mais participantes da vida sindical e — o que é muito mais importante — não mais na servil condição de meros financiadores obrigatórios e compulsórios, como até aqui.

Portanto, este não é um livro de natureza tradicional dirigido somente aos sindicalistas. Ele aspira chegar não só às mãos dos produtores, diretores e dos atores em cena, mas de todo o público que, acorrendo ao teatro da vida sindical, assiste ao desempenho dos protagonistas do espetáculo e, de conformidade com sua performance, responde com sua ovação, apupo, com o bocejo da indiferença ou ainda, pura e simplesmente, contrafeito retira-se da platéia.

Estou à disposição das contestações que se impuserem. Até espero e anseio que assim seja. Quiçá, possa ser convencido de que ainda exista salvação para a unicidade sindical que os meus limitados e modestos predicados não me permitem atinar. Creiam que, estando errado, não me faltará humildade — como invariavelmente sempre ocorreu — para dar a mão à palmatória. Afinal, o que é a vida senão um eterno aprendizado?

O meu mais profundo agradecimento ao Dr. Armando Casimiro Costa Filho e ao senhor seu pai, artífice-mor desse pugilo de bravos que compõem essa prestigiosa Editora LTr, por acreditarem na necessidade da propagação da mensagem contida neste livro por todos os condutos e escaninhos do sindicalismo brasileiro, bem assim, dos setores afins a ele direta ou indiretamente ligados e, por extensão, pela proposta desta obra, além da fidalga acolhida deste modesto autor.

Um carinhoso e afetuoso beijo à minha esposa Linda, pelas renovadas e inquebrantáveis manifestações de carinho e incentivo, que me serviram de preciosos bálsamo e lenitivo nos reiterados momentos de desânimo e até de confessada descrença.

In memoriam de meus saudosos pais, Octávio e Maria e à minha inesquecível irmã Marilena, todos eles que, por seus incontáveis méritos humanísticos, que gostaria de possuir, já são gente do Alto.

Aos que eventualmente desejarem estabelecer contato, rogo a gentileza de fazê-lo através dos seguintes e-mails: **falvesoli@ig.com.br** ou **fernando@hyperportal.com.br**.

O Autor

SUMÁRIO

CAPÍTULO I — O PORQUÊ DESTE LIVRO

1. Considerações preliminares 13
2. A agonia dos sindicatos 17
3. A insatisfação dos contribuintes 19
4. O imobilismo do Estado 21
5. Condomínio sindical: a ponte que leva ao futuro do setor 22
6. Sindicalismo: chegamos à hora da verdade 25
7. Sindicalismo: fim do milênio e do sistema? 28
8. Sindicalismo brasileiro — novas formas de atuação 33

CAPÍTULO II — O MODELO SINDICAL VIGENTE

1. Seus primórdios 35
2. O desabafo de um sindicalista 41
3. As diversas opiniões divergentes favoráveis à prevalência da unicidade sindical 45

CAPÍTULO III — AS MODIFICAÇÕES GOVERNAMENTAIS PROPOSTAS EM CURSO

1. A Proposta de Emenda à Constituição (PEC) n. 623/98 ... 53
2. A Exposição de Motivos n. 57/GM/MTb, de 30 de outubro de 1998, do Senhor Ministro de Estado do Trabalho 55
3. Comparativo do que mudaria e o que prevaleceria com a aprovação da PEC n. 623/98 58
4. Relação dos representantes dos trabalhadores no Congresso 61

5. Os representantes do setor patronal 63
6. O pensamento das centrais sindicais 65
7. Os deslizes e equívocos dos chamados "representantes do povo" 70
8. A PEC n. 623/98 é mais um blefe governamental 76
9. O vaticínio de ontem que continua sendo a realidade de hoje 78

CAPÍTULO IV — AS PECULIARIDADES DO SINDICALISMO PATRONAL

1. As principais diferenças entre o sindicato de trabalhadores em relação aos patronais 83
2. O advento das comissões e núcleos de conciliação prévia 86
3. As confederações e federações; o sistema "SSS" 89
4. As salutares conclusões de recente encontro patronal do comércio 91
5. A importância da associação civil do setor paralela às atividades do sindicato 93

CAPÍTULO V — AS CONTRIBUIÇÕES PRESTES A SEREM EXTINTAS E AS CONSIDERAÇÕES QUE SE IMPÕEM FAZER

1. A correção dos recolhimentos aos legítimos sindicatos ... 95
2. Os precedentes normativos do TST 99
3. A criatividade de um projeto de lei que não vingou 103
4. Penalização aos que não recolhem a contribuição compulsória; como era e como de fato está hoje 107
5. A contribuição sindical desnudada em seus valores reais. Os contribuintes conhecem esses números? 113

CAPÍTULO VI — MUDAR É EXIGÊNCIA FUNDAMENTAL E IMEDIATA

1. O anacrônico e superado sistema vovô de Vargas 118
2. A ausência de vontade política do Executivo e Legislativo em reverter o quadro 122

3. A insatisfação grassa entre os contribuintes enquanto o desalento toma conta dos dirigentes das entidades 126
4. O associativismo como fórmula redentora. As entidades sindicais de hoje foram associações no passado 129
5. O dirigente sindical refratário a mudanças que não podem mais ser procrastinadas 133

CAPÍTULO VII — MAS, AFINAL, O QUE É ASSOCIATIVISMO NA PLENITUDE?

1. Introdução 142
2. História do associativismo no mundo e em nosso País, em termos institucionais e de interesse econômico 143
3. O que é associativismo e por que adotá-lo 144
4. O associativismo no mundo 145
5. O associativismo no Brasil 146

CAPÍTULO VIII — VISÃO FUTURISTA DO NOVO SINDICALISMO BRASILEIRO

1. A autonomia sindical vista por especialistas 153
2. O monstrengo da unicidade sindical 162
3. O surgimento de falsas entidades sindicais e as vicissitudes dos sindicatos legais e representativos 167
4. Os pecados que serão purgados pelo Estado e pelas entidades sindicais; as soluções que deverão ser dadas pelo "mercado" 169
5. O futuro do sindicalismo no Brasil 172

CONCLUSÕES 180
BIBLIOGRAFIA CONSULTADA 191

CAPÍTULO I

O PORQUÊ DESTE LIVRO

1. Considerações preliminares

Ferrnando Collor de Mello: eis o nome daquele que deixará seu nome na história como um dos maiores algozes do modelo sindical vigente. O tiro por ele disparado deixou o sistema morrediço. A qualquer momento ocorrerá o disparo de misericórdia.

Foi ele que, através de sucessivas Medidas Provisórias (ns. 215/90, 258/90 e 275/90) tentou extinguir a contribuição sindical obrigatória, imposta em lei (Decreto-lei n. 27, de 14.11.1966, que substituiu o cognominado **imposto sindical**).

Sucessivamente rejeitadas pelo Congresso, o intento de Collor não foi consumado. Porém, exatamente a partir daquela época, a estrutura sindical começou a dar visíveis sinais de implosão.

Isso explica a série de artigos de minha autoria, publicados no "**Diário do Comércio**" e na acreditada e reputada revista "**RTA — Relações Trabalhistas Atualidades**", dirigida pelo eminente Mestre do Direito do Trabalho, Dr. *Dráusio Apparecido Villas Boas Rangel*.

Desses textos, três crônicas, escritas do final de 1996 a abril de 1999, são tão precisas e atualizadas em relação ao atual momento da vida sindical brasileira que merecem ser transcritas e serão o meu cartão de visita ao ilustre leitor, identificando as modificações e transformações havidas no sindicalismo brasileiro, cujas contribuições no sentido de colaborar com soluções, este livro tem por prioritária proposta.

Hoje, em que os gigantescos tentáculos da inadimplência assolam todas as entidades sindicais do País, o tema da necessidade de modificações operativas nos sindicatos (especialmente os patronais) é aceita mais facilmente. Todavia, há apenas 4 anos, o assunto era — senão evitado — pelo menos minimizado. Os efeitos maléficos da ascendente curva de recusa de pagamento às contribuições impositivas era atribuída a fenômenos da conjuntura econômica por que a Nação passava, olvidando-se, no entanto, que suas raízes eram remanescentes da resposta do "mercado", isto é, dos contribuintes insatisfeitos.

Com efeito, boa parte dos contribuintes dos sindicatos — afinal, os financiadores do sistema — tinham absorvido a mensagem de Fernando Collor de Mello de que era preciso acabar com toda e qualquer contribuição obrigatória.

A isso adicionou-se todos os demais componentes coadjuvantes: recessão econômica, perda de identidade sindical, o institucionalizado continuismo diretivo que grassa na maioria das entidades, as mazelas derivadas das atividades dos Juízes Classistas (que deveriam ter sido sempre pagos e sustentados pelos sindicatos de empregados e de patrões que os elegeram nas "democráticas" e "salutares" eleições de listas tríplices, que todos os que são do meio sindical conheceram tão bem) e jamais pela sociedade como um todo, que (como sempre foi, é e certamente permanecerá sendo) penalizada pelos "cabides" de emprego instituídos pelos eternos e sem fim desvarios do Estado, sempre parasitário, imobilista e profundamente generoso na criação de sinecuras com o dinheiro alheio.

Dos Juízes Classistas, pelo menos, nos livramos, pois depois de tantos e homéricos escândalos, os contundentes reclamos e a inaudita pressão da sociedade acabaram redundando no fim de mais essa mamata, como sempre inventada por nossos homens públicos na sua grande maioria de visão estrábica e muito longe da prática de serem os guardiões da genuína e verdadeira causa pública, missão para a qual foram eleitos.

Além desses principais, outros ingredientes adicionados fizeram fermentar e crescer o bolo da inimaginável inadimplência das contribuições aos sindicatos, que continua irreversivelmente volumosa e (para usar nomenclatura adorada pelos economistas) francamente em viés de alta. Cada vez mais ascendente.

Este quadro não é bom para ninguém. Nem para os sindicatos, nem para os contribuintes e muito menos para o País.

As entidades sindicais precisam esquecer esse passado de sessenta anos de tutela e paternalismo proporcionado pelo Estado. Acomodaram-se na obtusa moldagem que reveste o sistema vigente e que até então proporcionava e garantia a certeza da entrada de recursos pecuniários generosos, sem a necessidade de nenhuma contrapartida. Foi assim que os sindicatos estereotiparam-se, tornando-se seres amorfos. Viraram meros clichês. Esta foi a regra. As exceções, raras, como infelizmente pode ser comprovado nos dias atuais no meio sindical.

Partícipes de um sistema concebido em outros e remotos tempos, não se atualizaram ou modernizaram em consonância ao exigido pelos tempos atuais, onde as condições sociais, políticas e principalmente econômicas, são inteiramente antagônicas às da época de origem desse modelo.

A grande verdade — que teimosamente ainda não é aceita pela grande maioria dos integrantes do sindicalismo brasileiro —, é que a unicidade sindical está inteiramente superada no tempo e no espaço. Lutar por sua preservação é negar a axiomática evidência da evolução do mundo e de todos os seus valores. Desculpem a comparação, mas é como pretender desfilar pomposamente numa carroça dos tempos coloniais, puxada por muares em plena Avenida Paulista, na Capital paulista, acreditando estar-se a bordo do mais possante veículo do limiar do novo milênio...

Mas, e com toda certeza, se essa mentalidade não for revertida essa parcela, que surgiu e foi forjada num modelo retrógrado, que vive seus dias finais, dará lugar a uma nova e lúcida massa de dirigentes sindicais de vanguarda, de cabeça arejada e com os pés firmes no chão, no sólido terreno das evoluções havidas no mundo, como o fenômeno da globalização que fez recrudescer a competitividade.

O que sobreveio das traumáticas transformações econômicas que golpearam quase que mortalmente as empresas nacionais — guardadas as exceções de raríssimos segmentos econômicos que não foram atingidos — foi o mesmo processo que de forma análoga também viria abalar os sindicatos (que, afinal, nada mais são do que instituições de direito privado, com as mesmas necessidades econômicas das empresas no tocante aos dispêndios, com a agravante de que, em termos de receitas, enquanto as empresas possuem faturamento corrente, os sindicatos têm dotações orçamentárias, fruto de periódicas arrecadações realizadas em determinadas épocas de cada exercício).

A exemplo da estrutura sindical, fincada no paternalismo estatal desde o seu nascedouro, na já longínqua era do Estado Novo do caudilho Vargas, as empresas nacionais há décadas também dispunham do beneplácito de uma legislação protecionista que, obstando as importações, reservava-lhes um mercado interno exclusivo.

Ora, detentoras desse privilégio, sem ter de ombrear-se numa competição rivalizada, e, como tal, dispondo de um tipo de consumidor cativo por excelência, tornou-se dispensável mostrarem-se eficientes.

Ao invés de trilhar suas atividades empresariais na bitola larga da ferrovia da modernização, laborando na prática do incremento da produção com conseqüente diminuição de preços e de outros procedimentos exigidos pela constante evolução dos meios produtivos, essas empresas de forma cômoda, imaginando que essa tranqüila situação jamais se alteraria, preferiram continuar percorrendo a bitola estreita da estagnação, estimulada e edificada nos pilares daquela legislação francamente monopolista.

Como está provado que condições, normas e transformações comportamentais de mercado nunca poderão ser aprisionadas e mantidas por tempo infindo nas verdadeiras jaulas que os governantes imaginam edificar de forma segura, mas que acaba-se constatando não passarem de delgados e frágeis receptáculos encimados pelas letras dos pacotes econômicos, deu-se, enfim, o inevitável choque térmico, do qual muitos ainda não conseguiram refazer-se.

Com a porta arrombada às importações, as empresas brasileiras viram desabar sua superioridade, aí constatando que ela era enganosa e profundamente tênue.

Imediatamente, foram perdendo os espaços conquistados para as rivais do exterior, que ofereciam qualidade melhor e preço menor.

Com seus mercados esboroados e no instinto de sobrevivência daquele que está prestes a ser engolido pelas ondas enfurecidas, iniciaram a louca disparada na procura de preservar não mais aquele nicho, a sinecura anteriormente obtida sem muito esforço, mas já nessa altura desdobrando-se com esforços ingentes e até dantescos na luta desenfreada pela preservação ainda que de uma mínima parte desse mercado e de pronto acenando e admitindo concessões outrora inimagináveis, tais como fusões em condições até desfavoráveis, enxugamentos autofágicos, demissões em massa e outras mais.

Em busca de novas tecnologias para fazer frente às imposições da modernidade trazida pelos novos tempos e com a defasagem do tempo perdido da era que acabara de sucumbir, muitas delas desapareceram pela visão comercial infeliz e caolha de seus dirigentes, que acreditaram muito mais no sistema no qual eram predominantemente componentes de mero contexto, e muito menos pelo mérito de suas eventuais potencialidades que — a eles, desditosos comandantes — competia não só preservar, como continuamente aprimorar.

Em nosso ângulo de visão, esta é a mais cristalina simbiose que se possa avivar entre o ocorrido recentemente em nosso País, envolvendo a economia e o sindicalismo.

2. A agonia dos sindicatos

São, pois, o mesmo processo, as mesmas causas que atingiram as empresas nacionais, que identicamente contribuíram para fulminar os sindicatos. Senão vejamos:

Premidos pelos apertos da pior conjuntura econômica vivida pelo País, vivenciando e tentando sobreviver a mais selvagem e brutal recessão instalada em praticamente todos os segmentos econômicos desta Nação (com o advento de monstrual desemprego), os segmentos empresariais e da classe dos trabalhadores, foram compelidos a adotar uma imprescindível parcimônia de seus desembolsos, procurando compatibilizá-los com seus rendimentos, que, como é natural, encolheram.

Isto para quem ficou no mercado da economia ativa. Os que faliram sumiram e os trabalhadores que de uma hora para outra ficaram desempregados, sem nenhuma chance de conseguir uma nova colocação, pelo menos em curto e médio prazo.

A propósito, alguém conseguirá responder a quanto ascenderam esses números, senão com exatidão pelo menos aproximadamente?

Por óbvia conseqüência, muitos contribuintes passaram a não mais priorizar o pagamento de suas contribuições aos sindicatos. É claro que isso também não foi regra. Mas os sindicatos sentiram e acusaram o golpe, mesmo porque o declínio da arrecadação sindical já houvera se acentuado desde o governo do ex-presidente Fernando Collor de Mello, que tornou-se o inimigo número um do sindicalismo nacional, por razões que serão detalhadamente mais à frente.

E o número de inadimplentes foi crescendo. Seja pela exacerbação da crise econômica, pela intensidade do desagrado dos contribuintes por suas entidades, ou pela constatação destes que a chamada exação (cobrança rigorosa de dívida ou de impostos) abrandara em relação ao passado, em que os sindicatos podiam solicitar a interveniência estatal, que era feita através do Ministério do Trabalho.

Em razão dos fatores acima (ou até mesmo de outros não elencados) os sindicatos estão pagando o mesmo alto preço imposto às empresas.

Durante 60 anos viveram sob as benesses do Estado, sustentados pela contribuição sindical oriunda da ditadura do finado ditador gaúcho. O volume desse dinheiro fácil ainda seria farta e prodigamente ampliada pela Constituição Federativa promulgada em 1988 que, além de preservar a contribuição sindical (e a ela já se somava a contribuição assistencial, igualmente de cunho impositivo, cobrada de patrões e empregados por ocasião das convenções coletivas e dissídios salariais) ainda viria ser parida uma outra, "para custeio do sistema confederativo da representação sindical respectiva, independentemente da contribuição prevista em lei", imediatamente batizada de "contribuição confederativa".

Com todo esse cabedal de faustoso numerário, as entidades basicamente deixaram de trabalhar, como deveriam fazê-lo, em favor de uma sindicalização espontânea dos seus representados, atraindo-os ao seu quadro associativo de forma espontânea, mercê de um eficiente trabalho direcionado aos reais interesses da categoria.

Mas enfim, para que dar-se a esse trabalho de importante conquista de novos associados se todas as necessidades financeiras da vida sindical (das mais nobres às menos relevantes) já estavam asseguradas com o aporte desses recursos?

Claro está que optou-se pela cognominada lei da inércia. Aquela do menor esforço...

Tivessem os sindicatos a coragem de se libertar das amarras de um sistema carcomido e iniciado — no tempo certo — o caminho do associativismo, como nos primórdios, na fase pré-sindical (como este livro identicamente lembrará também mais adiante) atuando com eficiência em favor de seus associados, prestando-lhes os serviços requeridos pela coletividade, não teriam os dirigentes sindicais caído em desgraça e no descrédito.

Sobre isso, vale acentuar que, em alguns segmentos o nível de inadimplência chega a ser descomunal, numa evidência dessa insatisfação que ameaça a sobrevivência dessas entidades. E já não fora o presente, extremamente difícil e preocupante, muito pior e ainda mais funesto é certamente o reservado pelo amanhã.

Se os sindicatos de trabalhadores não foram atingidos nessa mesma intensidade, seus dirigentes devem erguer as mãos ao céu, agradecendo tenazmente pelo fato de o sistema privilegiá-los, pois as empresas onde seus contribuintes trabalham são responsáveis pelo desconto em folha da contribuição e de seu repasse ao sindicato.

Como se observa, pelo menos em relação à contribuição sindical (ante a qual o trabalhador não pode opor sua não concordância de recolhimento (como é o caso das contribuições assistencial e confederativa) a situação financeira dos sindicatos dos empregados é ligeiramente melhor do que os patronais. Mas também está muito longe de ser cômoda como outrora, em razão da vultosa perda de arrecadação originada conseqüente do colossal desemprego que atingiu todos os setores profissionais.

Com respeito aos dirigentes sindicais, não resta a menor dúvida que no hodierno só prevalecerão os que possuem capacidade, competência e comprovada credibilidade junto aos seus representados. Os herdeiros do ócio e do irmão direto deste, o comodismo, simplesmente desaparecerão.

3. A insatisfação dos contribuintes

Quanto aos contribuintes dos sindicatos, não cremos que será deixando de recolher para as suas entidades ou até fugindo delas é que farão um bom negócio. Ao contrário, estarão enterrando cada vez mais o pescoço na areia, fugindo de uma realidade que é uma só: somente a união, a aglutinação conduz ao fortalecimento de uma categoria, seja ela de empresas ou de trabalhadores.

A dispersão enfraquece. A individualização por sua vez conduz à estagnação, comum ao egocêntrico, o personalista que imagina tudo saber e que acredita piamente não precisar de ninguém.

Ou acabará sob os delírios da insanidade produzida pela egolatria no seu último estágio ou (o que, felizmente é mais comum) despertará para a realidade de que não vive numa ilha deserta, mas numa sociedade que exige regras, dentre as quais o progresso, seja ele intelectual, pessoal, profissional ou o que o valha. E não há progressão, valorização e fortalecimento de qualquer segmento (de espécie) sem que os seus integrantes se dêem as mãos e, unidos e coesos, conquistem novos horizontes.

Portanto, se o contribuinte entende que não deve pagar a contribuição devida ao seu sindicato, pelo fato de comprovadamente ele ser ineficiente e não servir à sua coletividade, será melhor reunir outros integrantes da sua categoria que pensam de forma semelhante e ir para o ringue de combate, batalhando para reverter a situação e fazer seu órgão de classe funcionar.

Afinal, o exercício da representação sindical é voltado primacialmente na defesa dos inalienáveis interesses do setor, como órgão institucional maior da categoria, seja ela profissional ou empresarial, além da prestação de serviços à coletividade representada.

Isto é missão dos dirigentes eleitos. Portanto, não pode ser confundida como "profissão" dos seus mandatários.

O sindicato não pode ter "donos", assim como admitir feudos.

Ele pertence à categoria, que elege seus membros diretivos para gerir seus destinos, durante mandatos de periodicidade definida em seus estatutos sociais, que também possuem regras jurídicas tanto para eleger como para destituir.

Seus mandatos são transitórios e não *ad eternum*.

Por via de conseqüência, o dirigente sindical está sob a égide da Lei e não acima dela!

As prescrições estatutárias são invariavelmente regidas por estrito ordenamento às regras jurídicas. Portanto, ao presidente e demais componentes da Diretoria, cabe obedecer fielmente ao constante nos seus estatutos. Se ele é falho ou impreciso, no que diz respeito à condução política da entidade, mudem-se as regras.

Conserte-se o barco, reparando-se o que preciso for. Se deixá-lo em mãos de comandantes que ao longo do percurso se revelaram inábeis ele ficará cada vez mais à deriva, podendo submergir. E de certa forma, você submergirá junto.

Até há pouco tempo era mais difícil exercer pressão no sentido de se conseguir mudanças na vida intestina do sindicato, justamente em razão do dinheiro fácil que abastecia as entidades, produto da contribuição obrigatória e impositiva. O sindicato não precisava tanto do seu contribuinte.

Mas hoje a coisa mudou. E mudará ainda mais. Ao contrário do que alguns milhões de contribuintes possivelmente imaginem, esta não é a hora de virar as costas para a sua entidade. A não ser em última instância, quando positivada nenhuma chance de sua recuperação.

É evidente que não queremos induzir ninguém. Até porque o livre arbítrio é inerente ao ser humano e deve ser integralmente respeitado.

Apesar de debilitado, o atual sistema sindical ainda possui regras e aqueles que deliberadamente não desejarem cumpri-las assumirão riscos e responsabilidades, pelos quais responderão.

Ainda que reconhecendo assistir razão a muitos contribuintes por seu desejo de afastar-se da vida sindical e não recolher a contribuição sindical (ainda compulsória e obrigatória), ainda assim acreditamos que o melhor será participar da sua entidade, e de forma ativa e participativa. Só dessa forma estará realmente contribuindo para expurgar e depurar os óbices e entraves que obstam seu funcionamento, que deve estar sempre voltado para os interesses da maioria da coletividade.

Cobrem e exijam esta conduta, pois o dirigente sindical de hoje tem de vergar-se à realidade dos dias atuais: está acabando, estão contados os dias dos senhores feudais do sindicalismo brasileiro. Aqueles que se consideravam "donos" do sindicato não mais terão espaço. Se insistirem, pagarão o preço da insolvência da entidade. E neste caso, a sangria será desatada. As defecções serão tantas que o sindicato fenecerá à mingua.

Portanto, ou abrem, escancaram e expõem a entidade às bases, ao universo da coletividade, seguindo as decisões da maioria e não mais de uma minoria, de grupos ou até grupelhos localizados e circunscritos, que outra coisa não fizeram ao longo dessas últimas décadas, senão pugnar por interesses menores (ou quando não, escusos e inconfessáveis) ou desaparecerão de vez, tragados pela falta de recursos para manter a entidade de portas abertas.

4. O imobilismo do Estado

Quanto ao Estado, infelizmente, estamos seguros de que nem precisaremos perder muito tempo para analisar seu comportamento.

Gostaríamos profundamente de — além de destacar o papel que lhe cabe — fazer aqui uma verdadeira profissão de fé no seu dever de formar um número cada vez mais infinitamente maior de representantes em todos os segmentos da sociedade brasileira, verdadeiramente cônscios de seus deveres sociais e de cidadania.

O sindicalismo, como um setor dos mais representativos da nacionalidade, deveria ser um inesgotável manancial na forja de seus bravos e valorosos artífices, imbuídos da nobre missão da válida e nobre representação popular dos seus mais variados segmentos na vida política do País, com base nos seus seus qualificativos, que obviamente teriam de ser submetidos à mostra, julgamento e reconhecimento do seu eleitorado e ser por ele convalidado.

Todavia, o que se verifica num exame ainda que superficial desse quadro, é que nossa estrutura democrática é sustentada por pilastras presumíveis e aparentemente firmes, porém, numa radiografia mais profunda e apurada, acaba se constatando achar-se submetidas a um devastador processo de enraizada corrosão, determinada por agentes que vão desde a manifesta falta de verdadeiro espírito público até amaldiçoados e irreprimíveis rastilhos de corrupção, que aparecendo aqui ou acolá e com uma freqüência desalentadora vai se multiplicando numa portentosa praga que resiste às mais rigorosas profilaxias.

Não é, pois, com certeza, o cenário desejado e ambicionado por todos aqueles que querem servir e não servir-se.

Inerte, de irreversível índole parasitária, cada vez mais voluptoso na sua incontida sanha de arrebanhar impostos, tributos, contribuições e ônus sem fim, num verdadeiro e consentido saque ao bolso do contribuinte.

Todos os políticos que até hoje conhecemos — sem nenhuma exceção de doutrina partidária — fora do poder sempre tiveram a visão correta e magnífica, daquilo que é errado e que precisa ser consertado.

Quando candidatos, a retórica torna-se ainda mais precisa e formidável. Os discursos são ainda mais eloqüentes. Suas plataformas eleitorais que prevêem os planos de governo, "se eleitos", são de uma preciosidade ímpar. Irreparáveis. Maravilhosas.

Mas assim que tomam posse... Ah, aí é outra história. Sempre com raras exceções, a regra infelizmente predominante estriba-se na falação. O segundo estágio é a enrolação e, como produto final, a óbvia enganação.

Nesses expedientes, surgem cada vez mais especialistas. Alguns, até revelando excepcional talento nato.

Mas na hora da ação, pouquíssimos são os que correspondem ao voto sufragado por nós, pobres mortais eleitores.

Esta é outra lastimável e triste — todavia, comprovada e inequívoca realidade brasileira —, que compete a todos nós o dever de desdobrar-nos ainda mais na busca de sua superação, se realmente desejarmos construir uma real e efetiva democracia, cujas ações não contemplem quase sempre as minorias, mas sim a maioria da coletividade, a exemplo do que identicamente deveria ocorrer nos sindicatos, em consonância com o inserido nas linhas e entrelinhas de suas premissas.

Nosso Brasil exige, acima de tudo, mais patriotismo dos seus representantes.

Nossa Pátria, por seu incomensurável gigantismo, se faz merecedora de representantes públicos com a mentalidade, a ação e o coração voltadas aos verdadeiros interesses do povo, às grandes questões nacionais, sempre postergadas.

À medida em que alastra-se a corrupção, campeia a impunidade, aprofunda-se a insatisfação popular e cresce o sentimento de impotência ante a mediocridade dessa classe política anã.

Essa é a realidade. Até quando, esta é a grande questão a ser respondida principalmente nas urnas.

Atentem detidamente para a atualidade dos artigos que inspiraram este livro:

5. Condomínio sindical: a ponte que leva ao futuro do setor

(Jornal "Gazeta Mercantil", 25/27 de janeiro de 1997)

"Certamente o sindicalismo brasileiro terá uma nova configuração estrutural do seu perfil, já ao longo de 1997.

As transformações naturais e inexoráveis que eram decantadas e esperadas, já rondam todo o sistema sindical do País, quer dos empregados ou do patronato.

E com elas virão a necessidade da reorganização intestina das entidades, num processo de verdadeira reengenharia.

Em verdade, essa autêntica abortagem do processo natural é conseqüência de uma série de conjugação de valores, que passa desde a abertura da economia nacional, até pelo desemprego e inovações tecnológicas que estão afetando o mercado de trabalho.

Com a abertura do mercado, a facilitação das importações, enfim, com o surto da cognominada globalização da economia, as empresas nacionais viram-se diante de uma realidade com a qual não estavam acostumadas: a da acirrada competitividade.

Daí a necessidade da modernização para vencer os obstáculos que a ela se passou anteparar. Isso — de um modo genérico, bem guardadas as devidas proporções e as óbvias exceções — foi como um choque térmico: habituadas às proteções de uma legislação que dificultava as importações, reservando-lhes mercado cativo, sem necessariamente serem eficientes, resolvendo amiúde seus problemas mediante reajustes de preços (então absorvidos) pela falta de competição e/ou pela boa demanda de mercado, essas empresas viram-se de um momento para o outro obrigadas a perseguir de forma tenaz e obstinada a modernização e a produzir bem a custo baixo, enxugando custos e tendo de se contentar com margens sensivelmente contidas.

Esse processo ensejou a desesperada tentativa de se adequar à nova realidade e a conseqüente e desesperada busca da produtividade. Em sua esteira, como é óbvio, as inevitáveis demissões de pessoal, as fusões e a sucumbência de milhares de empresas, num desenrolar que ainda não chegou ao fim, mas que deve ter calado fundo ao mais refratário a mudanças que este processo é absolutamente irreversível.

O mesmo comparativo pode ser utilizado para explicar o fenômeno que ocorre com os sindicatos. Não foi nem será preciso esperar a pena governamental assinar, formalmente, o papel da transformação sindical. As mudanças já estão aí. E pela via mais dolorosa: **a da asfixia financeira**.

A cultura histórica do sindicato, de mero agente defensor da categoria representada como seu órgão de representação, já não basta.

A coletividade deseja — no caso dos sindicatos patronais — de um maior volume de prestação de serviços, informações, literaturas, tudo enfim que lhe seja útil. Em outras palavras: que dê retorno. Do contrário, não paga.

Por via de conseqüência, não cabe mais a impositividade de contribuições anteriormente compulsórias, que se não pagas pelos contribuintes eram reclamadas pelos sindicatos através de aparatos de cobrança revestidos de profunda coerção e que hoje nem sensibilizam o contribuinte, os quais fincaram pé numa posição praticamente imutável: só pagam se tiverem retorno!

Como ficou explicitado no início destas considerações, este quadro determinará a necessidade de elaboração de criativa reengenharia, não só nas metas e ações de ordem diretiva — que deverão estar diretamente voltadas às bases, inclusive com a participação ativa destas, já que o sindicato deverá passar a perseguir efetivamente os objetivos determinados por sua coletividade — mas também numa readequação operativa do sindicato.

Num primeiro momento, a perda das receitas até então obrigatórias determinará a indispensabilidade de abruptos cortes nas despesas. Isto poderá gerar até demissões e encolhimento do formato físico das entidades. Mas é totalmente inevitável por ser cristalinamente necessário.

Quanto ao redesenho do sindicato em termos de atuação, esta é a verdadeira pedra angular da questão. Incremento e ministração de cursos pedagógicos, profissionalizantes, de extensão profissional, bem como edição de informativos, cartilhas, literaturas técnicas, comercialização de produtos de utilização da categoria representada a preços e condições diferenciadas serão componentes preciosos, mas igualmente não bastarão.

Nem ao ponto de se criar uma somatória de recursos pecuniários para gerir o sindicato, como identicamente para o atendimento das conquistas propugnadas pela categoria.

Aliás, o importante é que o papel maior do sindicato, qual seja o de aglutinar as forças dos seus representados, para em nome deles buscar melhorias e benefícios comuns, não seja relegado a um plano secundário.

O dirigente sindical deve ter em conta que ele não pode simplesmente transmudar-se num singelo vendedor de produtos e serviços apenas para escapar airosamente dessa contingência.

Ele deve, sim, e mais do nunca, incrementar sua atuação de condutor da coletividade, à procura de soluções para os problemas do seu setor.

Mas como trilhar por esse caminho se a entidade encolheu fisicamente e nos recursos financeiros disponíveis?

A resposta é talvez incursionar pelo caminho que vá desaguar no chamado "**condomínio sindical**".

Assim como o sindicato jamais poderá perder a sua linha-mestra de condutor dos destinos da sua categoria, o participante lúcido dessa mesma categoria jamais poderá pensar em deixar o seu sindicato morrer por falta de recursos para as conquistas por ele reclamadas.

Se o sindicato morrer, ele, partícipe, também estará morto!

Portanto, uma idéia que já nasceu e que se nos afigura como sendo a mais luminar de todas, que a mais privilegia imaginação de cérebros ainda que ricamente inventivos possa apresentar, é o da instituição desse condomínio sindical, que determinará como primeiras providências basilares a abertura do sindicato às suas bases e a correspondente reforma estatutária das entidades, dando-lhes uma conformação legal obrigatória e de uma maleável estrutura operacional.

Além de todas as receitas originárias de um sem número de prestação de serviços, as entidades que optarem por essa alternativa de atuação deverão se organizar de tal forma que, após uma captação de fundo de caixa em valor permissível às suas atividades iniciais, as despesas conseqüentes de toda a atuação do sindicato e, após a absorção das receitas acima, teriam o saldo remanescente rateado pelas empresas associadas.

Ora, a própria vida atuante do sindicato irá determinar a continuidade de sua ação. Ele será cada vez mais rico e reconhecido por coletividade como efetivamente representativo, quanto maiores forem as suas ações, assim como perecerá se nessa nova fase do jogo não entrar em campo para suar a camisa e procurar obstinadamente ganhar a partida.

No desempenho de seu autêntico papel de síndico desse condomínio, competirá ao dirigente mostrar todo o seu descortino e capacidade de enfrentar homéricos desafios e dificuldades sem fim."

6. Sindicalismo: chegamos à hora da verdade

(Revista RTA — Relações Trabalhistas Atualidades — julho/agosto 98)

"Não restam dúvidas de que a unicidade sindical está agonizante. Tem seus dias contados, a exemplo do doente terminal, que, moribundo, fenece na UTI.

Com ela expira também a contribuição sindical, compulsória e impositiva, que há décadas vem sustentando o movimento sindical brasileiro.

Alterado o quadro em perspectiva e instalada a pluralidade, de pronto surge a indagação: o que financiará este sistema sindical erigido por Getúlio Vargas nos idos de 1941, no esplendor e apogeu do Estado Novo?

A maioria dos nossos dirigentes sindicais, teimosa e comodamente arraigados ao sistema corporativo ainda vigente, anseiam e torcem desesperadamente pelo estabelecimento de um tipo alternativo de receita, porém de cunho obrigatório, que permita o custeio dos sindicatos.

Nessa parcela estão abrigados os que não acreditavam no fim desse quase sexagenário sistema, não obstante todas as evidências impostas não só pela modernidade das relações do trabalho como, e principalmente, pela manifesta vontade política do Estado, que, desde o governo Collor e agora, no de Fernando Henrique, se posicionou de forma constante e indissimulável a favor dessa mudança.

E o sistema sindical brasileiro de hoje é tão viciado e frágil, que, basta acabar com a unicidade para provocar o desaparecimento de milhares de sindicatos (patronais e profissionais) sem representatividade. O governo vai fazer o papel do macaco em loja de louças... Dá para imaginar o estrago que causará!

Felizmente, a parte restante, de forma prudente, avivada pelas inobjetáveis evidências e farejando o vento alísio dessas transformações, tratou de enveredar enquanto ainda era tempo na única trilha pela qual os sindicatos poderão chegar, incólumes, quando do inevitável esfacelamento deste sistema, que, tropegamente, caminha pela estrada da extinção.

Portanto, quando isso acontecer, as entidades patronais e profissionais (cujos respectivos dirigentes nada mais fizeram ao longo de sua existência senão vicejar à sombra e sob o manto do protecionismo e paternalismo proporcionado pelo Estado, vivendo exclusivamente às custas de receitas compulsórias e impositivas) simplesmente desaparecerão, ou terão sobrevida de acordo com os recursos ainda existentes, porém condenadas à morte pela via dolorosa da asfixia financeira.

A única saída chama-se associativismo, mas que, para bom êxito, obrigatoriamente implicará na inversão do processo dominante há quase 60 anos, de vez que, a partir da era associativista, o sindicato terá de ser gerido de fora para dentro. Quem na verdade comandará o sindicato será a sua Assembléia Geral. Como sempre deveria ter sido.

Considerado, portanto, como ponto pacífico que os sindicatos terão de sobreviver unicamente das receitas auferidas dos seus associados, de forma espontânea e desprovidas de qualquer impositividade, é imprescindível que seus dirigentes tenham em mente que daqui por diante não bastará captar o associado. O mais importante será manter o associado!

Destarte, a utilização pura e simples do marketing para a sua filiação, na forma de sorteios de prêmios valiosos, em praças esportivas emolduradas pela presença de mulheres bonitas, especialmente contratadas e com farta distribuição de churrasco regado a bom chope, ajudará, mas não será o bastante.

O que realmente valerá será o trabalho escancarado às bases, questionando-se a massa associativa quanto a suas reais, verdadeiras e legítimas aspirações. As metas de ação terão de estar voltadas neste sentido. Muda radicalmente o perfil das entidades sindicais.

Em conseqüência disso, o associado não quer mais ficar ouvindo que seu sindicato é simplesmente o órgão legal da categoria. Ele quer serviços à sua disposição. Quer retorno. Quer pagar e ter algo concreto em troca, numa verdadeira relação de custo/benefício. A realidade é esta. O resto é passado, que não volta mais.

Portanto, se permanecer o ranço do centralismo, da vontade das minorias, do discurso bonito, todavia desacompanhado da prática das verdadeiras conquistas, a situação inevitavelmente resultará no que já ocorre em todas as entidades sindicais do País.

A ausência de um trabalho alicerçado e sustentado nos reais objetivos da maioria do setor representado, causará o aumento cada vez maior da inadimplência que, na atualidade, atinge níveis mais que alarmantes, numa inequívoca demonstração da falência iminente de um sistema anacrônico, carcomido e que, por insustentável, há muito entrou em concordata. A bandeira vermelha da falência não tardará.

Por derradeiro, convém que todos os envolvidos tenham em conta que **o associado conquistado amanhã e insatisfeito depois de amanhã, será o mesmo contribuinte inadimplente de hoje!"**

7. Sindicalismo: fim do milênio e do sistema?
(Revista RTA — Relações Trabalhistas Atualidades)

"Adentramos o penúltimo ano do velho milênio com uma dúvida tão atroz quanto inimaginável em termos de imediata resposta: o que trará 1999 ao movimento sindical?

Conhecendo as tendências políticas do governo FHC quanto as que foram evidenciadas ao longo dos últimos anos sob o prisma de enfoque e destino que se quer ao sindicalismo no Brasil, é cristalina a admissão do fim da unicidade e o total desmantelamento do sexagenário sistema prevalecente.

Ocorre que sua implosão formal não será tarefa fácil, tendo em conta tratar-se de matéria constitucional, sujeita à aprovação do Congresso Nacional, que, evidentemente, sofrerá fortes pressões para manter a unicidade.

E pouco ou nada adianta o governo possuir ampla maioria no Parlamento, pois a história tupiniquim tem mostrado que o congressista nem sempre vota em consonância com as diretrizes de seu partido e dos compromissos deste, seja com o setor governamental ou com facções representativas da sociedade.

Portanto, todas e quaisquer digressões pertinentes a respeito, desde aquelas que emanem do interesse público, o que vale dizer: da Nação e que deságüem numa simbiose comparativa da oração de São Francisco (**é dando que se recebe** e que alguns dos nossos mais nobres e ilustres — entre aspas — dignos representantes do povo até já se incumbiram de transformar na versão bem ao estilo dos distintos **de que é só dando que se recebe**) ficam por conta dos argutos e atilados leitores deste bimestral órgão informativo e opinativo.

Se por um lado a modernidade das relações do trabalho, contraposta ante o quadro representativo da frágil estrutura do sindicalismo nacional — pintado com as cores tétricas da inadimplência cada vez mais galopante e no descrédito na atua-ção dos sindicatos — remete para o presságio indicativo do falecimento deste sistema e o surgimento de um único sucessor plausivelmente racional e lógico que é o associativismo, é fora de dúvida que a resistência dos incondicionais defensores da unicidade será homérica.

Primeiro, em razão da perda de receitas compulsórias, especialmente da contribuição sindical, não importando aos seus ferrenhos defensores se o navio está prestes a submergir, perfurado pelos rombos da irreversível inadimplência.

Para estes, ainda assim é preferível apostar nesta cômoda hipótese do que adentrar e perseverar no trabalho árduo, paciente e desenvolvido no terreno íngreme e pedregoso da conquista do associado espontâneo (e o que é ainda mais difícil: da sua permanência no quadro social, para o que será imprescindível uma política condizente, voltada para os interesses da maioria) o que teria necessariamente de resultar na diametral inversão da política diretiva dos sindicatos, ou seja, sua regência terá de ser direcionada de fora para dentro, como sempre deveria ter sido (e, todos nós sabemos que, salvo raríssimas e honrosas exceções, nunca foi).

Depois, por razões de alegados direitos e conquistas, construídos ao longo do tempo respaldados até por ordem constitucional, que certamente serão invocados e defendidos estoicamente, principalmente pelos sindicatos de trabalhadores, cuja saúde financeira é ligeiramente melhor do que os patronais em face das empresas funcionarem como verdadeiros agentes arrecadadores de contribuições, repassando, em seguida esses numerários aos sindicatos profissionais.

Não fora essa circunstância, isto é, ficasse a contribuição do trabalhador ao talante deste no que tange ao seu recolhimento diretamente ao seu correspondente sindical, é líquido e certo que a inadimplência nos sindicatos dos trabalhadores seria idêntica aos do patronato, e, como já foi dito, atinge percentual elevadíssimo.

A grande pergunta que os defensores da unicidade evitam fazer (já que eles próprios não possuem resposta convincente) é o que deve ser feito para aplacar ou reverter o processo instalado.

Admitamos que a unicidade prevaleça ainda durante algum tempo. Pois bem: acaba a contribuição sindical e em seu lugar é instituída outra, seja lá com que denominação for. Até mesmo a estranhamente convencionada de **"negocial"**. Ótimo, tudo bem. Mas onde buscar força coercitiva ou respaldo em lei para punir os inadimplentes, se isto já acontece na atualidade com a contribuição sindical corporificada legalmente no Decreto-lei n. 27, de 14.11.1966, e que substituiu o antigo imposto sindical.

Como se observa, não se trata mais de questão de direito. Trata-se de questão de fato. E, permitam-me, de fato consumado. O problema, pois, não está em trocar de rótulo algo que, na essência, no conteúdo, está deteriorado.

O grande responsável pelo início da derrocada do sistema vigente chama-se Fernando Collor de Mello. É só puxar pela memória e constatar que foi ele o vilão e carrasco do modelo que, queiram ou não seus mais intrépidos e contumazes defensores, ora agoniza.

Por mais singular que possa parecer, sua maior chance de sobrevivência reside exatamente em não se fazer nada. Ou seja, deixar tudo como está, no que, convenhamos, FHC e sua equipe são especialistas.

O governo FHC não avança em sua proposta de extinção da unicidade, como dantes, e, por via de conseqüência, o Congresso não aprecia a matéria.

Todos se fingem de mortos e, dessa forma, o doente terminal irá exalando os seus últimos suspiros até o óbito que inevitavelmente não tardará. No entanto — para gáudio íntimo dos seus ardorosos e pertinazes defensores — o desenlace não terá sido causado pela eutanásia governamental.

Portanto, até que se estabeleça o que o amanhã nos reserva, todos os partícipes que formam o cenário sindical, sejam eles os atores principais ou seus coadjuvantes, não importa, terão de decidir o seu destino.

Ou rompem com um passado que a evidência dos fatos sinaliza claramente que já teve sua época de apogeu e não volta mais (que é a unicidade sindical) e, em função dessa decadência terão de contentar-se de viver de suas migalhas, ou então, de forma resoluta, enfrentam a dura realidade que virá com a pluralidade sindical, o que em outras palavras significa o verdadeiro espírito do associativismo.

A primeira alternativa ainda se encontra ao final de uma rodovia bastante deteriorada, que outrora teve seus dias glórias. Era bem pavimentada e hoje quase que totalmente esburacada, finalizando num precipício gerado pelo desgaste do tempo, não existindo engenharia capaz de repará-la.

A outra só pode ser acessada por um caminho ainda difícil, tortuoso, sinuoso, que exige tempo e paciência para que se chegue ao destino, mas que, salvo melhor juízo, é o da única sobrevivência.

Na hipótese de existir uma terceira via alternativa, por favor, indique-nos.

Todos nós, de forma ardente e com urgência urgentíssima, ansiamos conhecer."

Como se observa, se ainda não ocorreu o sepultamento do modelo sindical vigente, sob o prisma formal e oficial da lei, na prática ele está moribundo, vivendo seus estertores.

Em sua recente obra "Das Contribuições aos Sindicatos — Manual com Roteiro Prático", publicado pela LTr, 2000 (página 13), o Dr. *Cláudio Rodrigues Morales* (advogado, coordenador do Departamento Jurídico do Sindicato dos Trabalhadores nas Indústrias Gráficas, Jornais e Revistas de Santo André, São Bernardo do Campo, São Caetano do Sul, Diadema, Mauá e Ribeirão Pires. Ex-coordenador do Departamento Jurídico Coletivo do Sindicato dos Metalúrgicos do ABC. Autor do livro "Manual Prático do Sindicalismo — Editora LTr, palestrista e autor de vários textos publicados) assim referiu-se a um desses textos de minha autoria:

["... Verificamos a existência de ferrenhas críticas às contribuições sindicais aqui expressadas em seu termo genérico (facultativas e obrigatórias) argumentando alguns que os sindicatos não apresentam a contrapartida de serviços prestados e, em regra, ficando a inércia dos dirigentes sob o manto do protecionismo do Estado. Nesta linha de pensamento *Fernando Alves de Oliveira*, Consultor Sindical Patronal. Diretor Executivo do SINDIREPA, in Revista RTA n. 129, julho/agosto de 1998, página 5, afirma que '...A maioria dos nossos dirigentes sindicais, timos e comodamente arraigados ao sistema corporativo ainda vigente, anseiam e torcem desesperadamente pelo estabelecimento de um tipo de receita alternativo, porém obrigatório. (...) as entidades patronais e profissionais (cujos dirigentes nada mais fizeram ao longo de sua existência senão vicejar à sombra e sob o manto do protecionismo e paternalismo proporcionado pelo Estado, vivendo exclusivamente às custas de receitas compulsórias e impositivas) simplesmente desaparecerão'.

Realmente assiste razão a *Fernando Oliveira*, pois salvo honrosas exceções, regra tem sido o abuso, a formação de sindicatos chamados de cartório, que nada fazem a não ser arrecadar para deleite exclusivo da sua direção e para 'arranjar' cargos em Juntas e Tribunais.

No futuro, não sei se entre nós muito próximo, como nos aponta *Fernando Oliveira*, só haverá lugar para direção autêntica, que labuta em plena harmonia e vontade de seus representados.

Quem não trilhar por tal caminho, fatalmente sucumbirá."].

O pensamento do caro Dr. *Cláudio Rodrigues Morales*, além de gratificante, evidencia que generaliza-se entre todos os agentes envolvidos a necessidade de um reordenamento das ações sindicais, o que é corroborado num aspecto muito mais amplo por José Eymard Loguercio (Mestre em Direito pela Universidade de Brasília. Advogado e Professor Universitário, em "Pluralidade Sindical — Da legalidade à legitimidade no sistema sindical brasileiro", Editora Ltr, 2000, página 21):

["...O debate sobre as possibilidades de um sistema de plena liberdade sindical, no Brasil, ainda está em permanente ebulição. Não temos distanciamento histórico para fazermos uma análise de todas as conseqüências e possíveis avanços e recuos ocorridos no período pós-Constituição de 1988 para o reconhecimento do pluralidade sindical.

Um exame bastante instigante seria o de relacionar as possíveis mudanças e os seus obstáculos, com o ideário neoliberal de flexibilização de direitos e de propostas de desregulação. A toda evidência, a perda de centralidade da sociedade assalariada e o declínio do movimento sindical nos países de capitalismo central provocam mudanças no comportamento dos diversos atores sociais. As práticas sindicais são hoje muito mais defensivas do que reivindicativas, e a fragilidade da relação de emprego tem provocado a debilidade do movimento associativo. De outro lado, a tendência para a revalorização do contrato individual de trabalho, mais na perspectiva do direito das obrigações do que das construções específicas do direito tutelar do trabalho, também provoca alterações no comportamento e na prática sindicais."].

Como frisei na introdução, esta não é uma obra de questionamento ou suscitação de teses jurídicas ou de longos e até cansativos debates acadêmicos.

Este expediente fica por conta dos doutos mestres do Direito que, com competência ímpar, poderão esgotar o tema à exaustão.

Este é um trabalho que tem por finalidade avivar a necessidade do retorno dos conceitos do associativismo, de vez que o sistema arrecadador de receitas compulsórias e impositivas está próximo do fim, exalando seus últimos suspiros.

Urge que todas as entidades sindicais do País — que resistirem, incólumes, às modificações da vida sindical, em curso, e já trazendo problemas que se acentuarão cada vez mais progressivamente, provenientes da queda daquelas receitas — passem a ser um importante e indispensável órgão prestador de serviços aos seus representados, gerando novos e importantes valores pecuniários.

Em síntese, este livro é um balizador dos novos tempos, que tem por condão pregar mudanças de comportamento aos que desejam sobreviver à nova realidade que se torna a cada dia mais latente.

É extremamente saudável e animador a constatação das conclusões consignadas nos anais do "XVI Encontro dos Sindicatos Patronais do Comércio e Serviços", realizado de 24 a 27 de maio de 2000, na Capital pernambucana, consoante o Informativo da Federação do Comércio do Estado de Pernambuco, edição de junho/2000, página 15, numa súmula de autoria de *Josué Souto Maior Mussalém*, Economista e Consultor do Sistema Fecomércio Senac. Leiam atentamente:

8. Sindicalismo brasileiro — novas formas de atuação

["O Recife sediou, no período de 24 a 27 de maio, o XVI Encontro dos Sindicatos Patronais do Comércio e Serviços. Trata-se de um evento que reuniu mais de 700 (setecentos) dirigentes sindicais do mais importante setor da economia brasileira, em termos de formação de PIB, o setor terciário. O tema central do evento denominou-se **Desafios do Novo Sindicalismo.**

Seu temário ensejou uma rara oportunidade de se discutir questões diretas ou indiretamente vinculadas ao setor sindical brasileiro. Mas quais seriam os **desafios de um novo sindicalismo no campo patronal?** A resposta a essa indagação pode ser dada de múltiplas formas:

1. O segmento patronal brasileiro necessita mudar, o mais rápido possível sua antiga forma de atuação cristalizada por mais de cinqüenta anos de sindicalismo. O modelo provedor de recursos centrado no antigo Imposto Sindical está com seus dias contados. Quando o Imposto Sindical acabar, mesmo que isso ocorra de forma gradativa, vai acontecer no Movimento Sindical, seja ele patronal ou de trabalhadores, uma natural depuração. Vale dizer que só os sindicatos bem estruturados vão permanecer ativos.

2. O fim do cargo de Juiz Classista representa o primeiro grande passo de reestruturação do Movimento Sindical brasileiro, a partir da redução do corporativismo misto, ou seja, envolvendo ao mesmo tempo o Estado e a iniciativa privada. O Estado que pagava os salários dos Juízes Classistas despreparados, e a iniciativa privada que, através dos sindicatos indicava pessoas sem a mínima qualificação profissional para exercer o referido cargo. A possibilidade de se eleger um Juiz Classista fez com que pessoas que nunca foram sequer empresárias criassem ou se filiassem a sindicatos semifantasmas, com vistas a obter o cargo. A Legislação Sindical brasileira, no

capítulo que se refere à identificação da própria categoria profissional, é tão permissiva que hoje em dia ainda assistimos a presença de dirigentes sindicais patronais sem serem empresários, e sim funcionários públicos, fato esse que, além de não ser ético, distorce a própria conceituação de liderança sindical.

3. Para fazer frente a essa nova realidade do final do Século XX e início do Terceiro Milênio, a alternativa para os sindicatos, tanto dos empregadores como dos empregados, é a modernização, que pode ser subdividida da seguinte forma:

a) a reformulação conceitual dos sindicatos que passam não só a defender interesses classistas, mas também da sociedade onde está inserido;

b) total e ampla independência do setor público atuando, quando necessário, em conjunto com o poder constituído em atividades que visem o bem coletivo da forma mais transparente possível;

c) identificação clara dos componentes da organização sindical, evitando o peleguismo e a presença de pessoas que não pertençam à categoria sindical;

d) reestruturação operativa, transformando o sindicato em uma entidade prestadora de serviços aos seus associados, entre os quais podemos destacar:

• Capacitação profissional do empresário associado ao sindicato;

• Apoio à reestruturação da micro e pequena empresa associada ao sindicato;

• Estabelecimento de uma rede de informações que poderia ser denominada Rede Brasil de Informação Sindical, através da Internet;

• Desvinculação total da atividade sindical de qualquer ação político-partidária.

Com base nessas amplas linhas de ação, o Movimento Sindical Brasileiro, notadamente o de caráter patronal, deve estabelecer um novo processo de marketing sindical capaz de gerar novas forças de pensamento moderno e de ação efetiva, não só do ponto de vista da categoria profissional, mas também de ampla responsabilidade social."].

Nossos cumprimentos à Federação do Comércio de Pernambuco. Mais à frente iremos nos deter novamente a respeito deste assunto.

Esperamos que essas conclusões desse importante encontro não fiquem somente no papel.

CAPÍTULO II

O MODELO SINDICAL VIGENTE

1. Seus primórdios

Vale recordar que, no Brasil, a implementação do modelo sindical emanou do sistema corporativista existente no final dos anos 30 na Itália, Portugal e Espanha.

Implantado pelo ditador Vargas, no esplendor do Estado Novo, e praticamente em simultaneidade com a Consolidação das Leis do Trabalho (Decreto-lei n. 5.452, de 1º de maio de 1943) foi ele submetido de pernicioso processo de acomodação crônica, ao longo desses 60 anos.

Vítima da falta de revitalizante oxigênio proveniente dos ares da renovação e modernidade, acabou submetido a um hibernal sono e no berço nada esplêndido do anacronismo. E o que é pior: sob o guante do protecionismo e paternalismo do Estado.

Conclusão: é hoje um senil obsoleto.

Acessoriamente, aproveitando o gancho propiciado pelo tema, cumpre enfatizar que, apesar de igualmente geradas pelo mesmo caudilho, nossa leis trabalhistas — muito bem guardadas as devidas proporções — não sofreram a mesma dose de descrédito e deterioração. É ponto pacífico que muitas delas estão absolutamente defasadas, corroídas que foram pelo tempo. Todavia, trata-se de uma mera questão de vontade política atualizá-las ou modificá-las de forma mais ampla ou até radical.

A exemplo dos governantes anteriores, o atual (e — desculpem — pelo andar da carruagem do nosso sistema político, certamente os que ainda virão) não prima pelo interesse de solução dos nossos problemas estruturais. É certo que eles são lembrados com grande pompa e brilhante enfoques via discursos de palanques, porém, lastimavelmente, seguidos da conhecida prática da inação e, em muitos casos, da pérfida enrolação e enganação: Diante deste lamentável, porém inobjetável e realístico quadro político, a atualização das nossas leis trabalhistas é, comprovadamente, um profundo e difícil exercício de futurologia...

Consta que, a partir de março de 2001, por proposta do Ministério do Trabalho, o Congresso examinará a questão da prevalência do negociado sobre o legislado, isto é, regras para a negociação de direitos de natureza econômica, constante da CLT, para simplificar e fomentar a contratação, diminuindo o desemprego.

Se para discutir remendos o Estado já é excessivamente molenga, imaginem sua lerdeza (fruto, entre outros da falta de coragem) para levar a cabo a ampla e completa reforma, formal, constitucional, da legislação trabalhista...

É a Penélope rediviva, conhecida personagem da mitologia grega, que jamais concluiu sua obra.

E é sempre bom lembrar que a data foi aprazada propositadamente para depois das eleições municipais de outubro/2000. Mas será mesmo que ela será levado a efeito? Afinal, 2002 é ano eleitoral muito mais importante...

Estamos ou não diante da Penélope ressuscitada?

A incerta, porém provável tendência de extinção desse modelo sindical — tão desgastado quanto as leis trabalhistas — por força não só da modernidade das relações do trabalho, como por exigência da nova face que o Brasil adquiriu em termos do processo de retomada do desenvolvimento, competitividade e globalização econômica, é profundamente alentadora. Melhor ainda: profilática, pois desencadeia o extermínio de todas as contribuições impositivas.

Nesta altura, torna-se obrigatório recorrer à leitura que um dos mais renomados juristas deste País, o eminente Professor Dr. *Arion Sayão Romita*. Em sua memorável obra "Sindicalismo — Economia — Estado Democrático — Estudos", Editora LTr, 1993, páginas 12 a 15, ele nos ensina:

["O sindicalismo, no Brasil, adquiriu nova fisionomia com a promulgação da Carta Política de 1988.

É certo que a Constituição deveria ter alijado os componentes autoritários e corporativistas que se mantém vivos entre nós desde a década de 30, exacerbados no Estado Novo e serviçais do regime implantado em 1964. Não o fez, porém, e por isso merece críticas.

Nessa linha negativa, o exame do texto constitucional enseja três observações, que passo a desenvolver. Primeira: a concepção estatal do Direito, que considera jurídicas apenas as normas impostas pela vontade do Estado. O apego ao positivismo jurídico constitui uma das causas do inexpressivo papel que entre nós têm desempenhado as fontes autônomas do Direito do Trabalho. Parafraseando Reinhold Zippelius, para quem 'a mãe do Estado de Direito chama-se Desconfiança', podemos afirmar que a mãe da Constituição brasileira chama-se Desconfiança na atuação do legislador infraconstitucional. Segunda: o rígido tratamento dispensado à regulação das relações do trabalho, no momento em que a tônica reside na flexibilização capaz de incrementar a produtividade. A rigidez na discriminação dos direitos assegurados aos trabalhadores, no plano individual, contraria a tendência do moderno Direito Constitucional, pois é desejável que o texto da Lei Maior não desça a demasiadas minúcias, com o propósito de não impedir as indispensáveis adaptações e a necessária evolução. Terceira: o caráter excessivamente intervencionista, que relega a segundo plano a negociação coletiva. Solução paradoxal, pois diversos preceitos da Carta Magna incentivam a negociação coletiva.

Esta última orientação apresenta-se como a mais aconselhável, já que a autonomia coletiva se impõe como a via indispensável à regulação auto-suficiente das crescentemente complexas relações entre o capital e o trabalho.

Em contradição com o disposto no artigo 1º (O Brasil se constitui em Estado democrático de direito), a Constituição conserva institutos autoritários e corporativistas. Assim é que foram mantidos:

a) o monopólio sindical, em verdadeiro atentado à liberdade sindical enganosamente proclamada no art. 8º. Como se sabe, a unicidade sindical, regime de Sindicato único imposto por lei, hostiliza os princípios fundamentais que regem o Estado democrático de direito;

b) a organização sindical por categorias — profissionais, econômicas ou liberais — em contradição com a liberdade de organizar sindicatos segundo diferentes possibilidades conhecidas no mundo livre, como organização por profissão, ramo de produção, empresa, etc.;

c) a contribuição sindical obrigatória, prevista em lei, além da que vier a ser fixada por assembléia geral. Grave ofensa ao princípio da liberdade sindical, como tem sido proclamado pela doutrina e reconhecido pela OIT em reiterados pronunciamentos;

d) o poder normativo dos Tribunais do Trabalho.

A esses elementos nocivos, refratários à ordem democrática, acrescentam-se o direito a votar e ser votado assegurado ao aposentado e a representação classista na composição dos órgãos da Justiça do Trabalho, como decisões destinadas a preservar o antigo espírito corporativo, infenso ao desejo de modernizar a disciplina das relações do trabalho no Brasil.

Em nosso País, os novos rumos que o movimento sindical vem tomando desde 1978 indicam uma ruptura com a orientação corporativo-autoritária imposta pelo Estado Novo getuliano e demonstram uma inclinação pelo processo conflitual, até mesmo estimulada pela resistência patronal e do Estado ao modelo participativo, embora já se vislumbrem indícios tímidos de hipóteses concretas de participação dos trabalhadores na vida da empresa.

(...) É de conhecimento geral que, na elaboração das normas modeladoras da organização sindical brasileira, inspirou-se na legislação italiana do período fascista (Lei n. 563, de 3.4.1926, conhecida como Lei Rocco) e também, sem dúvida, na doutrina corporativista.

Em uma das suas mais conhecidas obras de direito sindical e corporativo (a de *Ludovico Barassi*), lê-se que o regime de unicidade sindical se justifica por motivos de oportunidade: a pluralidade criaria entre os sindicatos uma concorrência que poderia gerar desordens e indisciplina, tornaria mais difícil o controle pelo Estado, favoreceria a formação de sindicatos partidários, mas, sobretudo inviabilizaria a delegação de poderes e a uniformidade das normas reguladoras da produção nacional.

Eis aí, claramente expostas, as razões invocadas para a adoção do regime de unicidade sindical: como órgão do Estado, como instrumento da política econômica e social corporativa, o sindicato deve estar submetido a minucioso controle por parte do Estado, do qual recebe delegação de poderes.

No sistema corporativo, a pluralidade sindical é, portanto, inconcebível e só o sindicato único pode ser admitido.

Essas noções eram verdadeiras assim na Itália como no Brasil do Estado Novo. Trágico é que, na Itália, elas perderam o prestígio em 1944, enquanto no Brasil continuam mais vivas do que nunca, ainda hoje...

É na já citada obra de *Oliveira Viana* — "Problemas de Direito Sindical" — que podemos obter informações seguras sobre a adoção, no Brasil, do regime de unicidade sindical. Esclarece *Oliveira Viana* que o sindicato plúrimo, dissociado do Estado, não pode florescer 'em climas severos e exigentes, de autoridade forte, de Estado supremo orientador da política legislativa administrativa e econômica do país'. Depois de afirmar a incompatibilidade do sindicato plúrimo com os preceitos da Carta de 1937, demonstra que, naquele regime político, só seria admissível o 'sindicato de direito público e, portanto, a unidade sindical'. Sem rebuços — como, aliás, de seu feitio — declara ele que o 'problema da unidade ou pluralidade sindical não é, pois, um simples problema de direito sindical ou de economia interna dos sindicatos; interessa, como se vê, à própria estrutura do Estado, ao princípio fundamental do regime instituído na Constituição de 1937'.

Os tempos são outros. O Brasil pretende entrar numa nova era, na qual essas noções deverão passar para o museu das curiosidades históricas. Não sem apreensão, temos notícia, entretanto, de que no Brasil, 'a opinião majoritária, tanto por parte dos trabalhadores como dos empregadores, favorece o sindicato único por categoria e base territorial'. Será tão difícil assim, a nós brasileiros, livrar-nos da mentalidade autoritária e corporativista?

É inegável que o Estado social de direito reconhece ao lado dos direitos e garantias individuais, a existência dos chamados corpos sociais intermediários e consagra o princípio pluralista, assegurando o desenvolvimento das forças sociais espontâneas. E é irrecusável que a liberdade de organização traz em si, como conseqüência lógica, a possibilidade de uma pluralidade sindical.

A Convenção n. 87 — como é de pacífico entendimento — protege a liberdade sindical frente ao Estado e a este impõem a obrigação positiva de proteger tal liberdade contra os empregadores. Por essas razões, o Brasil não pôde, até hoje, ratificar a Convenção n. 87... Também por essas mesmas razões, o Comitê de Liberdade Sindical do Conselho de Administração da OIT tem entendido que, embora os trabalhadores tenham interesse em evitar a multiplicação dos sindicatos, a unidade do movimento sindical não deve ser imposta mediante intervenção do Estado por via legislativa, pois tal intervenção contraria o princípio de liberdade consagrado pelo art. 2º da Convenção. Também tem proclamado que, quando a unidade sindical resulta somente da vontade dos trabalhadores, ela não precisa ser consagrada em textos legais, pois a existência deste pode dar a impressão de que a unidade sindical resulta unicamente da lei em vigor. Salienta que não se deve criar por via legislativa a unificação obrigatória, pois a unidade deve resultar o consenso dos próprios trabalhadores.

Na verdade, há três tipos de sindicato único: o previsto pelos regimes corporativos: (Itália de Mussolini, Portugal de Salazar, Espanha de Franco, Brasil até hoje; o adotado pelos países do bloco socialista; e o dos países cujos sindicatos foram organizados sobre a base unitária, embora conservando o caráter de movimento espontâneo e independente perante o Estado. Ao último grupo pertencem os sindicatos do Reino Unido, dos países escandinavos, da Austrália, da Nova Zelândia e da República Federal da Alemanha.

Nesses países, o caráter unitário do movimento sindical não é imposto por qualquer preceito legal: resulta do esforço desenvolvido pelos próprios interessados; a legislação permite a criação de sindicatos concorrentes; entretanto, prevalece o sindicato único porque os interessados se abstêm de fazer uso da liberdade de fundar novos sindicatos, pois julgam preferível para a realização de seus fins organizar-se sobre uma base unitária.

Esta última parece ser melhor solução para o Brasil."].

Esta é a síntese que pode ser externada, com total segurança, após a proficiente exposição do Prof. *Arion Sayão Romita*: o Estado brasileiro simplesmente transferiu integralmente o corporativismo de um modelo concebido no final da década de 30, hoje totalmente obsoleto e em desuso universal, para o bojo da Constituição Federativa promulgada em outubro de 1988.

De sorte que a prevalência da unicidade sindical atendeu apenas os interesses estatais e deste, subserviente ao clientelismo exigido pelo segmento que a todo custo insiste em manter o financiamento da vida sindical mercê dos recursos originários da contribuição obrigatória, deixando de contemplar a realidade vivida pelo País meio século depois. Hoje, com o acréscimo superior a mais uma década, essa irrealidade acentuou-se ainda mais e já não mais resiste aos mais elementares princípios da nova era vivida pelo Brasil.

Portanto, a par do seu professoral enfoque no todo, nossos efusivos cumprimentos ao Prof. *Romita* especialmente por sua feliz assertiva de que *"(...) os tempos são outros; o Brasil pretende entrar numa nova era, na qual essas noções deverão passar para o museu das curiosidades históricas (...)"*. Considerando-se que a lapidar frase foi escrita em obra publicada em 1993, pode-se aquilatar a defasagem ainda mais ampliada do seu conteúdo...

E retornando aos dias atuais, é incontestável que o modelo sindical é alvo de críticas absolutamente procedentes. Pelo menos daqueles que, pugnando por um sindicalismo moderno e condizente com o exigido pelo hodierno, clamam por imperativas mudanças.

2. O desabafo de um sindicalista

É, por exemplo, o pensamento de Enilson Simões de Moura ("Alemão") combativo presidente da Social Democracia Sindical (SDS), em artigo publicado pela "Gazeta Mercantil", em 23 de fevereiro/2000, à página A-3, sob o título "Enganos e hipocrisia da legislação trabalhista", do qual vale destacar seus principais trechos:

["(...) Um fator agravante nessa situação de crise é a legislação trabalhista ultrapassada com a qual o Brasil convive há quase 60 anos. Ela impede o avanço do mundo do trabalho e sua adequação aos novos desafios impostos. Cabe ao movimento sindical discutir e buscar soluções para a crise e para descobrir como avançar e construir novas estruturas que defendam o trabalho e o trabalhador. Esperar do governo as medidas necessárias à alteração desse quadro é um dos graves equívocos em que incorrem muitas de nossas lideranças sindicais.

(...) A atual estrutura sindical está a milhões de anos-luz dos problemas que enfrenta o mundo do trabalho. Mudar essa estrutura é possibilitar que os sindicatos percam o monopólio da representação e da negociação e, ao mesmo tempo, recuperem a essência de seu papel social e político.

O Sindicalismo no Brasil, hoje, na grande maioria dos casos, é sinônimo de cartorialismo. São entidades que trabalham com o único objetivo de remunerar o peleguismo e o paternalismo. Em vez de representação dos trabalhadores, o sindicalismo é um grande negócio para poucos.

A Justiça do Trabalho precisa ser mudada. É absurdo que o trabalhador ainda seja visto como alguém que precisa da tutela do Ministério Público do Trabalho, um organismo que se destaca mais pelo cabide de empregos em que se transformou do que pelos serviços que presta à sociedade. O espírito que confere à Justiça trabalhista o papel de árbitro supremo na relação capital-trabalho sempre remeteu ao conflito, o que pode, e precisa, ser atingido pela via negocial. Fomos sempre tangidos ao litígio por uma legislação que impede no nascedouro a possibilidade do entendimento e da parceria.

É preciso coragem para mexer nessa estrutura arcaica e fossilizada. O que um dia permitiu progresso, hoje transformou-se num grande obstáculo.

Para avançar é preciso varrer os entulhos do passado.

Não é possível enfrentar novas realidades com antigas leis nem novos conceitos com velhos paradigmas."].

Enilson Simões de Moura, com seu conhecido destemor, põe o dedo em duas incontestáveis feridas: a primeira, que nos afigura como absolutamente consensual, isto é, "em vez de representação dos trabalhadores, o sindicalismo é um grande negócio para poucos".

Alguém tem dúvida disto?

A segunda, é identicamente inobjetável: com efeito, não é crível enfrentar novas realidades com antigas leis nem novos conceitos com velhos e superados paradigmas.

Ainda na mesma linha de raciocínio, corroborando com a necessidade de mudanças, vamos nos ater com uma das sempre cintilantes teses defendidas pelo Prof. *José Pastore*.

Em sua "Agonia do Emprego" (Editora LTr, 1997, páginas 127/128) que, além dos resultados de suas sempre bem cuidadas pesquisas, nos traz uma coletânea de seus ensaios publicados pela imprensa.

Muito embora centrado no tema da decadência do emprego, ele incidentemente focaliza com maestria a transformação sindical brasileira. Tem por título "Reengenharia Sindical" e foi originariamente publicado pelo "Jornal da Tarde", em 4.12.96:

["As campanhas variam. Algumas sorteiam viagens, computadores e máquinas de lavar. Outras, oferecem jalecos, camisetas e bonés. Há ainda as que se propõem a prestar serviços médicos, jurídicos e de lazer.

Refiro-me às campanhas dos sindicatos para atrair novos sócios. Eles concluíram que, sem promoção, os quadros não aumentam. Na verdade, estão diminuindo. E muito.

Uma série de fatores tem conspirado contra os sindicatos: o desemprego industrial, a terceirização, a feminização do trabalho, o crescimento do setor de serviços, o aumento das atividades autônomas, etc. Nessas condições, o desinteresse dos trabalhadores pelo sindicato é inevitável.

Não há como formar sindicatos de desempregados *freelancers* ou subcontratados. Os funcionários de colarinho branco do setor de serviços, que trabalham para completar o orçamento doméstico, têm pouco interesse pelas propostas sindicais. Suas aspirações de carreira dependem de um bom entrosamento com a empresa e não de confrontação. No novo mundo do trabalho a luta é pelo emprego, qualificação e promoção profissional — coisas que estão fora do alcance do sindicato convencional.

O fenômeno é mundial. A filiação sindical está despencando em quase todos os países. O mundo caminha em direção à contratação individual. Onde ainda há negociação coletiva, esta tende a ser em nível de empresa. Nos dois casos, os trabalhadores dispensam o trabalho dos sindicatos.

No Brasil, estima-se que a sindicalização chegue a 30% dos 35 milhões de empregados que trabalham no setor formal. Isso dá uns 11 milhões de sindicalizados, a maioria concentrada no serviço público, empresas estatais e oligopólios privados. É um número pequeno que contrasta com a enorme quantidade de sindicatos, mais de 18 mil. Como explicar isso?

Pela lei, os sindicatos recebem uma parte da contribuição sindical compulsória, representada por um dia de trabalho por ano de todos os trabalhadores que estão no mercado formal. Ou seja, os sindicatos brasileiros têm 11 milhões de filiados e 35 milhões de contribuintes.

Além disso, muitos deles recebem a contribuição confederativa cobrada na base de um valor fixado em assembléia sindical. Por cima de tudo, os sindicatos cobram de todos os trabalhadores da categoria uma taxa assistencial pelos serviços que prestam no campo da negociação. E, finalmente, recolhem a mensalidade dos filiados.

Em suma, a receita dos sindicatos vem de um universo muito maior do que o seu quadro de associados. É muito dinheiro. E ainda assim, eles estão em crise. Muitos estão endividados até o pescoço. Outros estão demitindo funcionários para poder sobreviver. E os mais sofisticados se preparam para as fusões de sindicatos.

Para complicar a vida financeira dos sindicatos, o Supremo Tribunal Federal considerou inconstitucional a cobrança da contribuição confederativa para os não-associados e o Tribunal Superior do Trabalho proibiu a cobrança da taxa assistencial aos trabalhadores não-sindicalizados. Isso afetará, até mesmo, as centrais sindicais, pois elas vivem, basicamente, de contribuições de sindicatos filiados. É bem provável que o Brasil venha a terminar esta década com um número bem menor de sindicatos.

O ocaso dos sindicatos significa o fim da pressão sobre os empregadores. Não, muito pelo contrário. Nos países em que os sindicatos encolhem, as comissões de fábrica desabrocham, os representantes dos empregados ganham força e as negociações passam a se basear em dados reais da empresa. Tudo é feito às claras.

Esse é um mundo com o qual a maioria dos empregadores brasileiros não está acostumada a lidar. É um mundo de muita transparência. Os trabalhadores querem saber a quantas anda a saúde da empresa; quais são os seus planos; qual foi o seu lucro; qual é a sua produtividade; e quanto deve ser repassado para os trabalhadores.

Para enfrentar a competição externa as empresas têm de acabar com o conflito interno, criando um clima de crescente cooperação. Mas os trabalhadores só cooperam quando participam e essa participação inclui acesso a dados até então considerados como prerrogativas exclusivas dos empresários.

Os novos tempos prometem muitas surpresas para os empresários que hoje festejam a fragilização do sindicato convencional.

É provável que eles venham a sentir saudades da época em que a negociação era um mero teatro no qual nada se exibia e tudo se escondia.

Quem viver, verá."].

Cremos não ser preciso acrescentar nada às considerações do Prof. *Pastore*, no concernente à sua visão crítica quanto à atuação e a situação dos sindicatos brasileiros. O realismo retratado dispensa retoques.

Apenas um importante reparo no que diz respeito às comissões de fábrica. Em nosso País elas são toleradas (não aceitas de forma espontânea, mas como instância contra a qual não é possível opor resistência) em setores macro, onde a economia sob o prisma da administração empresarial é mais transparente em função de tratar-se de sociedades anônimas, cuja escrituração contábil não permite nenhum tipo de maquiagem. Pelo menos em teoria, assim deve ser.

Em contraposição, nas empresas de configuração média para baixo, como aferir sua saúde financeira? Como obter os tais "*dados reais da empresa*". Aqui, por peculiaridades tupiniquins que nem precisam ser invocadas, geralmente temos o inverso do lema do jogo do bicho onde "vale o escrito". Além do que, este tipo de empresário tem a cultura milenar de que no seu negócio, o seu empregado não mete o bico, quanto mais acesso aos livros. Nem pensar. Em relação ao sindicato então, isso é absolutamente inimaginável.

Prova escandalosamente consumada disso está capitulada no artigo 11 da Constituição: "Nas empresas de mais de duzentos empregados é assegurada a eleição de um representante destes com a finalidade exclusiva de promover-lhes o entendimento direto com os empregadores".

Esta é mais uma quimera da Carta Magna. Até hoje alguém ouviu falar de iniciativa de regulamentação a respeito? E, vejam bem: empresas com mais 200 trabalhadores. Não se trata, portanto da grande maioria das empresas nacionais.

3. As diversas opiniões divergentes favoráveis à prevalência da unicidade sindical

Quem defende uma posição, necessariamente tem de ouvir e difundir opiniões contrárias. Por exercício democrático e de direito. No caso presente, elas são opostas de forma até contundentes à mudança da atual legislação. Precisam ser trazidas à baila.

A primeira, do Assessor Sindical *João Guilherme Vargas Netto*, extraída da revista "Repórter FECESP", n. 121, de outubro/98, página 5, intitulada "Unidade, mais do que nunca":

["Sobre o movimento sindical brasileiro pairam nuvens negras, as mesmas que amedrontaram o povo e podem se transformar em uma chuvarada de dificuldades. Em primeiro lugar, a recessão cavalar prevista e anunciada, com seu cortejo nefasto de desemprego, precarização das relações trabalhistas, criminalidade e desorganização social.

Ao mesmo tempo em que a luta contra o desemprego se converte no tema prioritário da ação sindical, o desemprego em si enfraquece o movimento, leva-o a abandonar pontos prioritários de sua pauta e abre caminho para soluções demagógicas e desesperadas.

Vem, em seguida, o padrão deteriorado das últimas campanhas salariais. A persistente recusa do governo federal em negociar, durante quatro longos anos, com o sindicalismo dos funcionários públicos, começa a contaminar todos os setores da iniciativa privada, seus negociadores, juízes e parlamentares. Enquanto no Tribunal Superior do Trabalho (TST) quase todos os julgamentos positivos dos Tribunais Regionais do Trabalho (TRT) são derrubados, o patronato reforça a linha da recusa às negociações (o setor de autopeças propõe um adiamento das negociações e os banqueiros um congelamento do acordo até o próxima data-base) ou então procura eliminar conquistas e arrochar salários.

As próprias negociações de participação nos lucros e resultados das empresas, que vinham crescendo, encontram-se paralisadas. Tornam-se difíceis as mobilizações e os sindicatos são desafiados a utilizar toda a sua criatividade e capacidade de arregimentação para manter um mínimo de ação.

Como se não bastassem estes dois elementos negativos, o governo, a serviço da flexibilização, da desregulamentação e da cooptação sindical, pretende encaminhar, ainda este ano, projeto de revisão constitucional sobre a organização sindical.

O projeto, que está sendo cozido na Casa Civil da presidência da República, procura desconstitucionalizar os direitos sindicais, com a eliminação da unicidade sindical, das verbas sindicais compulsórias e do poder normativo da Justiça do Trabalho (artigos 8º e 114 da Constituição). A estratégia do governo é clara: primeiro descontitucionaliza, depois se engaja às discussões congressuais e tripartites para a regulamentação da nova situação, com pluralidade total. Ou seja, sindicalização por empresa e representação sem categoria.

Estes são os problemas emergentes e urgentes. É com este pano de fundo, com a intenção de enfrentá-los e resolvê-los, que devem tratar as discussões teóricas, estratégicas, táticas e práticas no movimento sindical.

Durante a campanha política eleitoral, o sindicalismo (ou, pelo menos, grande parte dele) experimentou os benefícios de uma ação unitária. Esta experiência merece ser continuada, aprofundada. Principalmente porque, agora, os adversários atacarão com muita malícia as conquistas dos trabalhadores, tentando co-responsabilizá-los pela crise e procurando retirar deles conquistas e direitos, principalmente os constitucionais.

A prova do pudim consiste em comê-lo. A maior contribuição do sindicalismo diante da crise consiste em enfrentá-la, com base na unidade de ação, na resistência em defesa das conquistas e direitos e na capacidade — quase pessoal — dos dirigentes e ativistas de se manterem atentos à vida cotidiana dos trabalhadores e dos funcionários."].

Ainda no "Repórter Fecesp", edição n. 122, de dezembro/98, página 23 o jornalista e deputado federal pelo PC do B-SP, *Aldo Rebelo*, manifestava sua exacerbação, depreendida do artigo de sua autoria, intitulado: "Uma farsa", conforme adiante reproduzido:

["O governo federal enviou ao Congresso Nacional a Proposta de Emenda Constitucional n. 623/98, que altera os artigos 8º, 111 e 114 da Constituição Federal. Eles tratam da organização sindical e do fundamento da Justiça do Trabalho.

De acordo com as propostas de mudança no artigo 8º, apresentadas pelo governo, extingue-se o preceito de unicidade sindical, segundo o qual é vedada a criação de mais de uma organização sindical, representativa de categoria profissional ou econômica, na mesma base territorial, e institui-se a mais completa liberdade de criação de sindicatos, sem obrigatoriedade de observância do critério de categorias profissionais ou econômicas. Propõe-se, também, a extinção da contribuição confederativa e a sua substituição por contribuição aprovada em assembléia geral, a ser paga apenas pelos sócios.

As mudanças propostas nos artigos 111 e 114 limitam o poder normativo da Justiça do Trabalho, bem como o acesso a ela pelas partes em conflito. De acordo com as mudanças propostas no artigo 114 da Constituição, a Justiça do Trabalho, no exercício de sua competência normativa, limitar-se-á a decidir entre duas propostas finais das partes ou no intervalo entre ambas. Também é vedado o ajuizamento de dissídio coletivo perante a Justiça do Trabalho, sem que tenha havido, anteriormente, uma tentativa extrajudicial de conciliação.

Para o governo, essas mudanças seriam necessárias para modernizar a estrutura sindical brasileira e estimular a prática da negociação, uma vez que, segundo o ministro do Trabalho, Edward Amadeo, 'a negociação coletiva não recebe estímulos, principalmente por causa da superabundância, detalhamento, rigidez e imperatividade da legislação sobre direitos individuais, além da desigual representatividade sindical e da interferência do poder normativo da Justiça do Trabalho nos conflitos coletivos econômicos'. As mudanças iriam, segundo o ministro, ao encontro dos anseios de sindicatos e empresas que desejarem mais negociação, com diminuição do papel da lei e do judiciário.

A proposta do governo é uma farsa. Para 'ampliar' o espaço de negociação entre patrões e empregados propõe-se a supressão dos direitos adquiridos dos trabalhadores e se procura impedir que a Justiça vá em seu socorro, deixando-os à própria sorte. E isso num momento de recessão e crise econômica, quando as altas taxas de desemprego são, por si mesmas, um elemento de intimidação que praticamente paralisa qualquer atividade reivindicatória, deixando os sindicatos de mãos atadas. É como se estando alguém em plena selva, diante de um leão pronto para atacá-lo, fosse tirada a arma de suas mãos, para 'ampliar' o espaço de negociação entre ele e o animal faminto. Alguém tem dúvida sobre qual será o resultado da 'negociação'?

O fato é que o governo, aproveitando-se da conjuntura desfavorável aos trabalhadores e utilizando o velho argumento liberal segundo o qual o desemprego é culpa dos próprios trabalhadores e dos seus sindicatos que não os deixam trabalhar pelos salários que, supostamente, os empregadores estariam dispostos a pagar, pretende quebrar as pernas do movimento sindical. Querem que as relações entre patrões e empregados voltem às mesmas condições dos primórdios do capitalismo, onde imperava a mais brutal exploração e mascarar tudo isso com ares de modernidade.

O governo critica a herança corporativa do movimento sindical. Não é, contudo, por seus vícios que pretende quebrar-lhes as pernas. Ao contrário, é porque, apesar deles, o movimento sindical brasileiro representa uma poderosa força de resistência à onda neoliberal que massacra os trabalhadores e destrói o Brasil. A oligarquia deseja fechar as torneiras do financiamento do movimento sindical porque não suporta a presença de trabalhadores na cena política e social do País."].

Já na seção "Informe Jurídico" do "Jornal do Técnico", órgão oficial do Sindicato dos Técnicos Industriais do Estado de São Paulo — Sintec-SP, edição n. 120, de janeiro/1999, página 7, a Dra. *Anita Galvão*, advogada titular daquela entidade profissional, expôs seu ponto de vista em comentário sob o título "O Desmanche dos Sindicatos":

["O governo federal está propondo, através de projeto de emenda constitucional, PEC n. 623/98, mudanças na Constituição Federal/88, que importará no desmanche dos sindicatos existentes e deixará os trabalhadores sem qualquer proteção.

As modificações propostas para o art. 8º da Carta Magna, se aprovadas, farão com que os sindicatos deixem de representar categorias para representar apenas e tão-somente os seus associados. Inexistiria uma única representação por categoria ou ramo de atividade, mas sim várias representações de trabalhos associados.

Desta forma, o projeto prevê que os sindicatos representem apenas seus associados. E os não-associados, quem os representará? Ninguém. Ficarão sem qualquer representatividade e proteção, devendo negociar diretamente empresa por empresa.

Ora, grande parte dos trabalhadores não sabe quais são os seus direitos mais básicos; como teriam condições de negociá-los diretamente com o patrão?

E o pior: se a empresa não for associada a um sindicato econômico (patronal) não será alcançada por nenhuma negociação coletiva.

O inciso III, do art. 8º da CF, passaria a limitar as contribuições apenas aos associados, suprimindo a contribuição fixada em lei. As entidades sindicais ficariam sem condições financeiras de sobrevivência.

A referida emenda constitucional prevê, ainda, alterações no art. 114 da Constituição Federal que diz respeito à Justiça do Trabalho.

Assim, os dissídios coletivos não serão mais por categoria, mas envolverá apenas os trabalhadores associados do sindicato. Na verdade, os representados serão os associados do sindicato que trabalham em uma empresa. Por conseguinte, raros serão os dissídios coletivos.

As ações coletivas de natureza econômica serão extintas, ou seja, os Tribunais não poderão reconhecer direitos coletivos econômicos. Excepcionalmente, dissídios coletivos de natureza econômica poderão ser ajuizados, desde que os empregados concordem com a medida. O que é um absurdo!

No mesmo artigo, o aludido projeto diz que ficam garantidos os dissídios coletivos de natureza jurídica para que os Tribunais declarem abusividade de greves sem reconhecer qualquer direito econômico, exceto os relativos o cumprimento de suas próprias sentenças, de laudos arbitrais e de convenções e acordos coletivos.

Se os patrões não quiserem fazer acordos, convenções, ou assumir compromissos de decisões arbitrais, ficarão a salvo de qualquer condenação. A classe trabalhadora ficará à disposição das vontades do Poder Econômico.

Por fim, o governo propõe também que a homologação das rescisões contratuais sejam efetuadas sem a assistência sindical, ficando o trabalhador sem assistência jurídica alguma.

Como bem asseverado pelo jurista *Ulisses Riedel de Resende*, em artigo no Jornal do DIAP, 'a homologação judicial, como proposta naquele projeto de lei, com força de coisa julgada, também é inadequada porque o trabalhador sem assistência sindical é empurrado para uma concordância sem conhecimento dos seus direitos'.

A medida foi elaborada a fim de atender as diretrizes impostas pelo FMI, que exige a flexibilização dos direitos dos trabalhadores, sem contudo, assegurar mínimas condições para regular e equilibrar a relação entre patrões e empregados. Na exposição de motivos, o governo, através do Ministério do Trabalho — que, como dizem, não é do ramo — alega o caos. Mentira. O que se propõe sim, se aprovado, estabelecerá verdadeiro caos social.

No aspecto social, o PEC n. 623/98 é um atentado às regras de proteção aos trabalhadores, que, desinformados, passarão a ser verdadeiras marionetes nas mãos dos patrões sem condições de ver seus direitos respeitados.

Já sob o aspecto jurídico, alguns juristas entendem que o projeto de emenda constitucional, PEC n. 623/98 é inconstitucional no que tange às modificações do art. 8º, eis que é cláusula perpétua, porquanto o inciso IV, do parágrafo 60 da CF, prevê que a proposta de emenda tendente a abolir os direitos e garantias individuais não poderão ser objeto de deliberação. Os direitos sociais em questão são direitos individuais e os direitos coletivos são uma somatória dos direitos individuais.

Caberá aos sindicatos e trabalhadores lutarem para que a emenda constitucional não seja aprovada pelo Congresso Nacional. Mobilizem-se. Os prejudicados seremos todos nós."].

Ouvidas e profundamente respeitadas todas as posições contrárias, o autor reafirma que não é pois sem fundadas razões que a totalidade daqueles que pregam a necessidade de um sindicalismo apropriado aos dias atuais, tem necessariamente de defender o fim de todas as contribuições impositivas para não mais financiar um modelo mais que antiquado: este (o da unicidade sindical) é verdadeiramente jurássico!

Além da anciã contribuição sindical (que alguns ainda teimam erroneamente em cognominar de imposto sindical) devem ser extintas outras excrescências afins, tais como, as taxas assistencial e confederativa, todas impingidas goela a dentro pelos sindicatos às suas categorias e respingando a seiva repulsiva e pegajosa da injunção da obrigatoriedade.

Banido o ranço corporativista, é inegável que os sindicatos terão outra face. As receitas de cunho obrigatório, antes arrancadas a fórceps do bolso dos contribuintes, terão necessariamente de ser substituídas por outras fontes de arrecadação.

E não serão outras senão as provenientes das contribuições espontâneas e desprovidas de qualquer impositividade, além das oriundas de serviços e produtos. Podem ter certeza de que o contribuinte esclarecido pagará ao seu sindicato uma mensalidade de valor até maior do que a contribuição cobrada de forma infligitiva.

Basta que o sindicato trabalhe efetivamente em favor de sua massa de contribuintes, identificando e laborando em prol de suas reais postulações. Não só aquelas que a diretoria da entidade entende serem válidas. Mas — e principalmente — as reclamadas pela categoria.

Afinal, não era assim ao tempo em que o sindicato de hoje foi no passado a associação da categoria?

Mas é fora de dúvida que só o fará mediante a constatação de que o seu sindicato funciona, é efetivamente atuante e não um mero agente arrecadador.

E, com toda a certeza, se insatisfeito, continuará deixando de pagar a de natureza compulsória e impositiva, de valor até menor, exatamente por sentir-se compelido a fazê-lo somente pela conotação de obrigatoriedade e da coerção imposta em sua cobrança.

Embora já tendo expendido posição contrária a essa iniciativa radical de simplesmente deixar de recolher, reiteramos que ela enfraquece não só o sindicato como pessoa jurídica, mas a entidade como instituição.

Se o seu sindicato for fraco, o representado também estará fragilizado.

Todavia, não há como negar que essa tendência cresce como um incontrolável aluvião que, descendo célere o rio do sindicalismo, vai despejando em suas margens, de forma volumosa, os detritos da inadimplência, numa evidência de insatisfações sem par e que já não conseguem mais ser dissimuladas.

Cumpre, isto sim, admiti-las, confessar os pecados decorrentes, dar a mão à palmatória e tomar a comunhão da restauração no templo do arrependimento e na companhia dos fiéis que formam a sua coletividade.

Inexiste outra alternativa, senão uma só, que pode até não ser a melhor, mas é a única: os sindicatos terão de possuir associados espontâneos, em número suficiente. E este deseja retorno, senão não paga a contribuição espontânea.

E mais: não resolve nada somente captá-lo por tempo efêmero. É preciso fidelizá-lo de forma perene.

Em verdade, já estamos vivendo a era associativista.

Está acabando o maná do dinheiro fácil, que ainda sustenta os encastelados no poder, que recalcitram por mudanças ditadas pela evolução e modernidade dos novos tempos.

Eles que tratem de reverter esse quadro, passando a trabalhar duro. Ratificamos e deixamos claro: não bastará tão-somente captar o associado.

Tornar-se-á indispensável mantê-lo no quadro associativo. E isto efetivamente redunda na inversão diametralmente oposta verificada ao longo dos últimos 60 anos, pois quem realmente passará a comandar o sindicato será a sua massa associativa, isto é, a Assembléia Geral, até aqui figura lembrada de maneira eminentemente formal, considerada mais abstrata do que real e, por isso mesmo, simplesmente relegada à posição de um ser meramente decorativo.

Com isso, terminará o eterno centralismo dos seus dirigentes e, conseqüentemente, a prevalência da vontade das minorias. Será a real, salutar e verdadeira representatividade sindical, bem ao contrário dos dias atuais.

É claro que estamos falando em tese e é evidente reconhecer e destacar que, felizmente, existem muitas exceções.

CAPÍTULO III

AS MODIFICAÇÕES GOVERNAMENTAIS PROPOSTAS EM CURSO

1. A Proposta de Emenda à Constituição (PEC) n. 623/98

Da parte governamental, a última propositura, datada de outubro de 1998, tramita no Congresso Nacional. Trata-se da Proposta de Emenda à Constituição (PEC) n. 623, de 1998, apresentada pelo então Ministro de Estado do Trabalho, *Edward Amadeo*, de seguinte teor:

"Altera os artigos 8º, 111 e 114 da Constituição Federal e dá outras providências.
(APENSE-SE À PROPOSTA DE EMENDA À CONSTITUIÇÃO N. 346, DE 1996).
As Mesas da Câmara dos Deputados e do Senado Federal, nos termos do art. 60 da Constituição Federal, promulgam a seguinte Emenda ao texto Constitucional:
Art. 1º Os artigos 8º, 111 e 114 da Constituição Federal passam a vigorar com as seguintes alterações:
Art. 8º É assegurada a liberdade sindical, mediante os seguintes princípios:
I — a lei não poderá exigir autorização do Estado para fundação de sindicato, ressalvado o registro como pessoa jurídica na forma da lei civil, vedadas ao poder público a interferência e a intervenção na organização sindical;
II — ao sindicato cabe a defesa judicial e extrajudicial dos direitos e interesses coletivos ou individuais dos seus representados;
III — a assembléia geral, observado o princípio da razoabilidade, fixará a contribuição devida ao sindicato pelos seus representados, a qual deverá ser descontada em folha de pagamento;

IV — ninguém será obrigado a filiar-se ou manter-se filiado a sindicato;

V — é obrigatória a participação dos sindicatos de trabalhadores nas negociações coletivas de trabalho;

VI — é vedada a dispensa do empregado a partir do registro da candidatura a cargo de direção e representação sindical e, se eleito, ainda que suplente, até um ano após o final do mandato, salvo se cometer falta grave, nos termos da lei.

Parágrafo único. As disposições deste artigo aplicam-se à organização de sindicatos rurais e de colônias de pescadores, atendidas as condições que a lei estabelecer."

"Art. 111. ....

Parágrafo 4º Funcionará junto ao Tribunal Superior do Trabalho o Conselho da Justiça do Trabalho, cabendo-lhe, na forma da lei, exercer a supervisão administrativa e orçamentária da Justiça do Trabalho de primeiro e segundo graus."

"Art. 114. Compete à Justiça do Trabalho processar e julgar os dissídios individuais e coletivos de natureza jurídica, entre trabalhadores e empregadores, abrangidos os entes de direito público externo e da administração pública direta e indireta dos Municípios, do Distrito Federal, dos Estados e da União, os conflitos de direito sindical e, na forma da lei, outras controvérsias decorrentes da relação de trabalho, bem como as relativas ao cumprimento de suas próprias sentenças, de laudos arbitrais e de convenções e acordos coletivos.

Parágrafo 1º Frustada a negociação, os conflitos coletivos, a pedido conjunto das partes, poderão ser submetidos à arbitragem, inclusive da Justiça do Trabalho.

Parágrafo 2º Recusando-se qualquer das partes à negociação ou à arbitragem, é facultado aos respectivos sindicatos, em comum acordo, ajuizar dissídio coletivo de natureza econômica, podendo a Justiça do Trabalho, em caráter excepcional, estabelecer normas e condições, conforme dispuser a lei, respeitadas as disposições convencionais e legais mínimas de proteção ao trabalho.

Parágrafo 3º O ajuizamento do dissídio coletivo poderá se dar unilateralmente, ou pelo Ministério Público do Trabalho, quando a juízo da Justiça do Trabalho, houver possibilidade de lesão ao interesse público.

Parágrafo 4º No exercício da competência normativa prevista no parágrafo 2º deste artigo, a Justiça do Trabalho limitar-se-á, nas hipóteses de cláusulas econômicas, a decidir entre duas propostas finais das partes ou no intervalo entre ambas.

Parágrafo 5º O exercício do direito de ação individual perante a Justiça do Trabalho será obrigatoriamente precedido de tentativa extrajudicial de conciliação, utilizando-se, inclusive, a mediação, conforme dispuser a lei."

Art. 2º No prazo de cento e vinte dias, contados da promulgação da presente Emenda Constitucional, o Poder Executivo, procedidas as consultas e negociações tripartites, encaminhará ao Congresso Nacional projeto de lei sobre a garantia da organização sindical e da negociação sindical e da negociação coletiva e a conciliação extrajudicial.

Parágrafo único. Fica prorrogada por doze meses a vigência dos atuais instrumentos de negociação coletiva, inclusive sentenças normativas, salvo se substituídos por novos instrumentos normativos, sendo garantidos até a vigência da lei a que se refere o *caput* deste artigo, a capacidade de negociação das entidades sindicais e o respectivo patrimônio.

Art. 3º Esta Emenda Constitucional entra em vigor na data de sua publicação.

2. A Exposição de Motivos n. 57/GM/MTb, de 30 de outubro de 1998, do Senhor Ministro de Estado do Trabalho

Excelentíssimo Senhor Presidente da República,

Submeto à elevada consideração de Vossa Excelência a anexa Proposta de Emenda à Constituição, que "dá nova redação aos artigos 111 e 114 da Constituição Federal e dá outras providências".

O Sindicalismo brasileiro, como ocorre em muitos países, enfrenta séria crise. A falta de empregos reduz o espaço para reivindicações; a heterogeneidade do mercado torna anacrônica a estratégia coletivista, que pressupõe uma classe trabalhadora homogênea; o deslocamento do eixo da produção para o setor de serviços abrange profissionais de distinta qualificação intelectual, para os quais a atividade sindical assume perfil inverso.

A esses fatores que afetam o movimento sindical em âmbito internacional, soma-se, no Brasil, uma estrutura sindical corporativista, que gerou a proliferação de sindicatos sem qualquer legitimidade ou representatividade, especialmente em 1988.

Temos uma unicidade sindical constitucionalmente imposta, mas uma pluralidade de fato, com mais de 16.000 sindicatos, segundo estimativas conservadoras. Cada empresa é obrigada a negociar com vários sindicatos, em face do sistema de representação por categorias.

Chegamos, portanto, ao verdadeiro caos sindical. Entidades autênticas ao lado de milhares de outras, artificialmente criadas, disputando espaço e receita, dificultando a evolução para um modelo de relações do trabalho ajustado à democracia e às exigências da sociedade.

A Constituição de 1988 evoluiu no sentido de aperfeiçoar a organização sindical quando vedou a interferência do poder público, valorizou a negociação coletiva e propiciou o exercício amplo do direito de greve, com as restrições que se consideram aceitáveis nas democracias.

Todavia, há vícios fundamentais que se mantém, como a unicidade sindical obrigatória, a estrutura piramidal formada por confederações, federações e sindicatos, todos com exclusividade de representação na base territorial.

Manteve-se a contribuição sindical compulsória, que atinge a todos, associados ou não ao Sindicato. O Brasil é um dos raros países que obriga, por lei, o trabalhador não-associado a recolher uma contribuição ao sindicato. Esse imposto sindical é típico do regime corporativo e agride frontalmente o princípio da liberdade sindical.

É necessário, pois, implantar a verdadeira liberdade sindical, tal como concebida na Convenção n. 87 da Organização Internacional do Trabalho — OIT.

A liberdade de trabalho não significa fragmentação; esta poderá ocorrer ou não, a depender da vontade dos grupos. Nada impede a unidade de ação em determinados momentos históricos, muito mais eficaz que a unicidade imposta por lei.

A liberdade sindical não é incompatível com unidade sindical. Tudo depende da articulação de estratégias e da vontade dos trabalhadores.

A negociação coletiva, por sua vez, não recebe estímulos, principalmente por causa da superabundância, detalhamento, rigidez e imperatividade da legislação sobre direitos individuais, além da desigual representatividade sindical e da interferência do poder normativo da Justiça do Trabalho nos conflitos coletivos econômicos. A propósito, esse poder normativo vem sendo cada vez menos utilizado, eis que gradativamente substituído pela conciliação.

Os sindicatos e empresas anseiam por mais negociação, com diminuição do papel da lei e do judiciário, como se vê nas manifestações de especialistas, professores, advogados, empresários, trabalhadores e sindicalistas.

Os sindicatos em seus diferentes níveis, estão cada vez mais participantes das políticas econômicas e sociais, como verdadeiros co-gestores, devendo por isto, agir com efetiva responsabilidade, voltando-se para a melhoria das condições de trabalho e salário, mas também para objetivos elevados como solidariedade social, combate ao desemprego, melhoria da produtividade e qualidade, incremento da participação do trabalhador na empresa e desenvolvimento de novas tecnologias.

Além disso, é muito importante reduzir os focos de conflitividade presentes em nosso modelo. Para desafogar a excessiva centralização dos conflitos individuais na Justiça do Trabalho, que se institucionalizou praticamente como o único foro, há que estimular a utilização de meios extrajudiciais de solução de conflitos individuais e coletivos.

No caso de conflitos coletivos econômicos, é recomendável facilitar o acesso à arbitragem facultativa, possibilitando sua realização inclusive pela própria Justiça do Trabalho, se assim o quiserem as partes.

Por outro lado, são muitos os conflitos de direito sindical, inclusive a respeito da legitimidade de representação do grupo submetido à Justiça Comum, embora a Justiça do Trabalho esteja melhor aparelhada para solucioná-los, dada sua natural especialização.

À semelhança da Justiça Federal, que possui um Conselho junto ao Superior Tribunal de Justiça, para supervisionar junto ao Tribunal Superior do Trabalho, suprindo lacuna constitucional que o Supremo Tribunal Federal reconheceu existir ao atribuir ao próprio TST, mediante construção hermenêutica, essa função supervisora, por ocasião da intervenção no TRT da 13ª Região (Petição n. 1.193-7-DF, Rel. Min. MOREIRA ALVES, *in* LTr 61-07/870).

A partir desse diagnóstico, apresentamos o presente projeto de reforma constitucional, que se sustenta nas seguintes premissas:

"a) liberdade de criação de sindicatos, sem obrigatoriedade de observância do critério de categorias profissionais ou econômicas, bem como de se associar ou não;

b) fim do monopólio de representação gerado pela unicidade sindical obrigatória;

c) supressão da denominada contribuição confederativa, substituindo-se por contribuição decorrente da assembléia geral;

d) revisão do poder normativo, mantendo-se a competência da Justiça do Trabalho para a arbitragem facultativa dos conflitos coletivos econômicos, a pedido conjunto das partes, e, em caso de interesse público, a possibilidade de ajuizamento unilateral dos dissídios;

e) atribuição de competência jurisdicional à Justiça do Trabalho para resolver conflitos de direito sindical de qualquer natureza, tanto entre sindicatos como entre associado e sindicato;

f) criação do Conselho de Justiça do Trabalho para funcionar junto ao Tribunal Superior do Trabalho;

g) instituição de instâncias extrajudiciais prévias de mediação e conciliação nos conflitos individuais;

h) previsão de elaboração de lei indispensável à transição do regime de unicidade para o de liberdade sindical.

Esclareço, ainda, que se suprime a referência à capacidade de votar e ser votado do aposentado filiado ao sindicato, por se tratar de matéria estatutária, de responsabilidade de cada entidade sindical.

São estas, Senhor Presidente, as razões que submeto a Vossa Excelência para a apresentação da presente Proposta de Emenda à Constituição, a ser encaminhada à apreciação do Congresso Nacional. Respeitosamente, Edward Amadeo, Ministro de Estado do Trabalho."

3. *Comparativo do que mudaria e o que prevaleceria com a aprovação da PEC n. 623/98:*

Art. 8º *caput:* CONSTITUIÇÃO FEDERAL: É livre a associação profissional ou sindical, observado o seguinte:

PEC n. 623: É assegurada a liberdade sindical, mediante os seguintes princípios:

O QUE MUDARIA:
Na prática, não haveria alteração.

Inciso I

CONSTITUIÇÃO FEDERAL: a lei não poderá exigir autorização do Estado para a fundação de sindicato, ressalvado o registro no órgão competente, vedadas ao Poder Público a interferência e a intervenção na organização sindical.

PEC n. 623: a lei não poderá exigir autorização do Estado para a fundação de sindicato, ressalvado o registro como pessoa jurídica na forma da lei civil, vedadas ao Poder Público a interferência e a intervenção na organização sindical;

O QUE MUDARIA:

O registro, que atualmente é feito junto a órgão governamental (Ministério do Trabalho) passaria a ser feito na forma da lei civil, a exemplo do que é feito com qualquer pessoa jurídica.

Inciso II

CONSTITUIÇÃO FEDERAL: é vedada a criação de mais de uma organização sindical, em qualquer grau, representativa de categoria profissional ou econômica, na mesma base territorial, que será definida pelos trabalhadores ou empregados interessados, não podendo ser inferior à área de um Município.

O QUE MUDARIA:

Acabaria, de forma completa, a noção de unicidade sindical, seja qual for a base territorial levada em conta.

Inciso III

CONSTITUIÇÃO FEDERAL: ao sindicato cabe a defesa dos direitos e interesses coletivos ou individuais da categoria, inclusive em questões judiciais ou administrativas.

PEC n. 623: ao sindicato cabe a defesa judicial e extrajudicial dos direitos e interesses coletivos ou individuais dos seus representados.

O QUE MUDARIA:

A noção de categoria deixaria de existir e o sindicato passaria a representar, apenas e tão-somente, seus "representados", ou seja, os seus "associados", e não mais toda a categoria.

Inciso IV

CONSTITUIÇÃO FEDERAL: a assembléia geral fixará a contribuição que, em se tratando de categoria profissional, será descontada em folha, para custeio do sistema confederativo da representação sindical respectiva, independentemente da contribuição prevista em lei.

PEC n. 623: a assembléia geral, observado o princípio da razoabilidade, fixará a contribuição devida ao sindicato pelos seus representados, a qual será descontada em folha de pagamento.

O QUE MUDARIA:

A contribuição sindical compulsória, como a conhecemos hoje, deixaria de existir e a que venha a ser fixada em assembléia seria devida apenas pelos "associados" ao sindicato.

Inciso V

CONSTITUIÇÃO FEDERAL: ninguém será obrigado a filiar-se ou a manter-se filiado a sindicato.

PEC n. 623: ninguém será obrigado a filiar-se ou a manter-se filiado a sindicato.

O QUE MUDARIA:

Absolutamente nada.

Inciso VI

CONSTITUIÇÃO FEDERAL: é obrigatória a participação dos sindicatos nas negociações coletivas de trabalho.

PEC n. 623: é obrigatória a participação dos sindicatos nas negociações coletivas de trabalho.

O QUE MUDARIA:*

Absolutamente nada.

Inciso VII

CONSTITUIÇÃO FEDERAL: o aposentado filiado tem direito de votar e ser votado nas organizações sindicais.

O QUE MUDARIA:

Em razão de não poder haver interferência do Estado no sindicato, não pode este último definir quem pode votar e ser votado neste caso.

Inciso VIII

CONSTITUIÇÃO FEDERAL: é vedada a dispensa do empregado sindicalizado a partir do registro da candidatura a cargo de direção ou representação sindical e, se eleito, ainda que suplente, até um ano após o final do mandato, salvo se cometer falta grave, nos termos da lei.

PEC n. 623: é vedada a dispensa do empregado a partir do registro da candidatura a cargo de direção ou representação sindical e, se eleito, ainda que suplente, até um ano após o final do mandato, salvo se cometer falta grave, nos termos da lei.

O QUE MUDARIA:

O Estado deixa de interferir no sindicato. Eleição sindical passa a seguir as regras gerais das pessoas jurídicas a eles equivalentes.

Parágrafo único:

CONSTITUIÇÃO FEDERAL: as disposições deste artigo aplicam-se à organização de sindicatos rurais e de colônias de pescadores, atendidas as condições que a lei estabelecer.

PEC n. 623: as disposições deste artigo aplicam-se à organização de sindicatos rurais e de colônias de pescadores, atendidas as condições que a lei estabelecer.

O QUE MUDARIA

Absolutamente nada.

QUEM INTEGRA AS BANCADAS SINDICAIS NA CÂMARA DOS DEPUTADOS E NO SENADO FEDERAL (REPRESENTANTES DOS TRABALHADORES E DO PATRONATO)

(Fonte: "Repórter FECESP" — Editado pela Federação dos Empregados no Comércio do Estado de São Paulo, edição n. 121 — outubro/98)

4. Relação dos representantes dos trabalhadores no Congresso

CÂMARA

1. ADÃO PRIETO, PT-RS, reeleito, trabalhador rural;
2. AGNELO QUEIROZ, PC do B-DF, reeleito, médico;
3. ALDO REBELO PC do B-SP, reeleito, jornalista;
4. ARLINDO CHINAGLIA, PT-SP, reeleito, médico;
5. BEN HUR, PT-MS, primeiro mandato, professor;
6. CARLOS SANTANA, PT-RJ, reeleito, metroferroviário;
7. FERNANDO FERRO, PT-PE, reeleito, eletricitário;
8. FERNANDO MARRONI, PT-RS, primeiro mandato, servidor público;
9. GERALDO MAGELA, PT-DF, primeiro mandato, bancário;
10. GERALDO SIMÕES, PT-BA, primeiro mandato, servidor público;
11. GILMAR MACHADO, PT-MG, primeiro mandato, professor;
12. JAIR MENEGUELLI, PT-SP, reeleito, metalúrgico;
13. JANDIRA FEGHALI, PC do B-RJ, reeleita, médica;
14. JAQUES WAGNER, PT-BA, reeleito, técnico industrial da área petroquímica;

15. JOÃO BATISTA BABÁ, PT-PA, primeiro mandato, professor;

16. JOÃO COSER, PT-ES, reeleito, comerciário;

17. JOÃO FASSARELLA, PT-MG, primeiro mandato, professor;

18. JOÃO GRANDÃO, PT-MS, primeiro mandato, bancário;

19. JOÃO PAULO, PT-SP, reeleito, metalúrgico;

20. JORGE BITTAR, primeiro mandato, engenheiro;

21. JOSÉ PIMENTEL, PT-CE, reeleito, bancário;

22. LUIZ ANTÔNIO DE MEDEIROS, PFL-SP, primeiro mandato, metalúrgico;

23. LUIZ MAINARDI, PT-RS, reeleito, advogado emanado do setor metalúrgico;

24. LUIZ SÉRGIO, PT-RJ, primeiro mandato, metalúrgico;

25. MARIA C. MACHADO, PT-MG, primeiro mandato, professora;

26. NELSON PELEGRINO, PT-BA, primeiro mandato, advogado;

27. NILMÁRIO MIRANDA, PT-MG, reeleito, jornalista;

28. NILTON BAIANO; PPB-ES, reeleito, médico;

29. Padre ROQUE, PPB-ES, reeleito, professor;

30. PAULO PAIM, PT-RS, reeleito, metalúrgico;

31. PAULO ROCHA, PT-PA, reeleito, gráfico;

32. PEDRO CELSO, PT-DF, primeiro mandato, gráfico;

33. PEDRO CELSO, PT-DF, primeiro mandato, rodoviário;

34. RICARDO BERZOINI, PT-SP, primeiro mandato, bancário;

35. TILDEN SANTIAGO, PT-MG, reeleito, jornalista;

36. VALDECÍ OLIVEIRA, PT-RS, reeleito, metalúrgico;

37. VANESSA GRAZIOTIN, PC do B-AM, primeiro mandato, professora;

38. VIRGÍLIO GUIMARÃES, PC do B-AM, primeiro mandato, economista;

39. WALDIR GANZER, PT-PA, primeiro mandato, trabalhador rural;

40. WALTER PINHEIRO, PT-BA, reeleito, telefônico;

41. WELLINGTON DIAS, PT-PI, primeiro mandato, bancário.

SENADO

1. EMÍLIA FERNANDES, PDT-RS, reeleita, professora;
2. HELOISA HELENA, PT/AC, primeiro mandato, professora;
3. JOSÉ EDUARDO DUTRA, PT-SE, reeleito, geólogo.

5. Os representantes do setor patronal

CÂMARA

1. JOÃO MENDES, PPB-RJ, reeleito, FIRJAN;
2. ÉMERSON KAPPAZ, PSDB-SP, primeiro mandato, FIESP;
3. FRANCISCO G.RODRIGUES, PFL-AM, primeiro mandato, FIAM-CNI;
4. ARMANDO MONTEIRO, PMDB-PE, primeiro mandato, FIEPE;
5. MÁRCIO FORTES, PSDB-RJ, reeleito, FIRJAN-CNI;
6. CARLOS EDUARDO MOREIRA FERREIRA, PFL-SP, primeiro mandato, FIESP-CNI.

SENADO

1. FERNANDO BEZERRA, PMDB-RN, reeleito, FIERN-CNI;
2. JOSÉ ALENCAR, PMDB-MG, primeiro mandato, FIEMG.

DEPOIMENTOS DE PARLAMENTARES ACERCA DA PEC n. 623/98

(Fonte: "Informe USI", publicado pela União Sindical Independente, em março-99)

Em 20 de janeiro de 1999, no auditório "Nereu Ramos" do Congresso Nacional, a USI-Brasil mobilizou cerca de 700 sindicalistas e 35 parlamentares. O evento teve por fim reunir integrantes do movimento sindical, integrado pela CUT, CGT, CGTB, CSTTR, SDD, além de Confederações de Trabalhadores (CNTI, CNTC). O ato igualmente contou com a presença de representantes da Confederação Nacional do Comércio (CNC) e da Confederação Nacional da Indústria (CNI), com o fito de união contra a Proposta de Emenda Constitucional (PEC n. 623/98).

Destacamos os seguintes pronunciamentos, efetuados naquela oportunidade:

Deputada JANDIRA FEGHALI (PC do B-RJ):

"Conseguiremos retirar a PEC n. 623/98 da pauta de votação no campo da ação política. Cabe, então, fazermos pressão política sobre o governo federal. Como a proposta é do governo, temos de fazer pressão sobre ele, já que a medida ainda não foi votada. Se estivesse com parecer, voto e complementação, já não seria possível retirá-la. Mas como tudo está no início da tramitação é possível sua retirada pelo próprio autor. O que nós precisamos fazer é retirá-la antes que a mesma avance na tramitação, através de mobilização e pressão política. Por isso, convoco todos a ocupar as ruas e os espaços democráticos para garantirmos os sagrados direitos dos trabalhadores brasileiros. O governo federal não pode mais golpear nosso povo e o movimento sindical. Essa investida vem ocorrendo desde o governo Collor."

Deputado ARNALDO FARIA DE SÁ (PPB-SP):

"Diante desta unidade que estou vendo, estou certo de que venceremos o governo federal em mais esse golpe anunciado aos trabalhadores, que é a PEC n. 623/98. Seremos missionários, estamos formando um Exército e diremos um grande não aos governantes."

Deputado PAULO PAIM (PT-RS):

"A bancada federal do PT tem 60 votos. E serão 60 votos contra a PEC n. 623/98, que quer destruir a organização dos trabalhadores. Estou consciente dessa caminhada e desse momento histórico. Fico feliz em ver a unidade do movimento sindical, que não é pequeno, nem burro. Não vamos aceitar, no Brasil, o que Carlos Menen fez na Argentina: a destruição do movimento sindical. Quem leu a PEC n. 623/98, sabe o que ela diz: 'formem sindicatos por empresa, nós não teremos tutela nenhuma'. Por isso, nós exigimos com clareza e tranqüilidade, o fim dessa PEC. Deixem que o movimento sindical decida o seu próprio rumo. Ele tem capacidade de discussão e pode apontar um novo momento. Não venha o governo Fernando Henrique Cardoso, que todos classificaram como o principal inimigo da classe trabalhadora, dizer para nós o que é bom ou o que é ruim. O governo edita duas Medidas Provisórias por dia útil, sempre contra o trabalhador, o aposentado, o servidor público. Por que o governo não tributa os especuladores?"

Senadora EMÍLIA FERNANDES (PDT-RS):

"Esta defesa dos direitos dos trabalhadores tem de ser permanente. Lançamos aqui uma Frente de combate capacitada a defender o movimento sindical e também o emprego. Qualifico como brilhante esta posição em defesa contra a PEC n. 623/98. Vamos dar um basta a esta política de submissão, de conivência. Chega de culpar os trabalhadores pelos desmandos deste País. Reafirmaremos nossos compromissos de luta, reaglutinando nossas forças para vencermos, sempre."

Deputado ALDO REBELO (PC do B-SP):

"Nossa Pátria foi esquecida pelos que nos governam. Somos uma Pátria e precisamos redescobrir o significado e o conteúdo dessa palavra. O Brasil está sendo destruído: nossas empresas, nossas indústrias, os nossos campos estão sendo abandonados por agricultores decepcionados, sem condições de sobreviver com o fruto de seu trabalho. Agora, os governantes querem destruir o movimento sindical porque sabem que, para completar sua obra terrível, precisam passar por cima dos trabalhadores e dos sindicalistas. Eles não querem destruir os sindicatos pelos seus defeitos, pelos seus vícios, numa sociedade tão corrompida por vícios a partir dos que estão em cima. O que representam os vícios e os pequenos defeitos do movimento sindical para governantes que compram votos para aprovar a reeleição do Presidente da República? Para aqueles que depositam o dinheiro do povo em contas secretas no exterior? Querem corrigir as mazelas, destruindo o movimento sindical. Usam como pretexto os pequenos defeitos e deformações que o movimento sindical possui. Querem destruir o movimento sindical pela sua história e não podemos aceitar isso."

Deputado MARCELO BARBIERI (PMDB-SP):

"O movimento sindical vive um momento decisivo. A formação dessa Frente certamente evitará o sepultamento do nosso sindicalismo. Não haverá o fim da unicidade sindical, da Justiça do Trabalho, das contribuições. Trata-se de uma iniciativa ampla e, para mantê-la, a união é fundamental. Se for preciso haver alterações na organização e na estrutura sindical, que se faça com a participação massiva das entidades sindicais."

6. O pensamento das centrais sindicais

(Fonte: "Repórter FECESP", dezembro/98)

Vicente Paulo da Silva (Vicentinho), Presidente da Central Única dos Trabalhadores (CUT): "Gostaria de comentar o artigo 8º que ficaria alterado, substancialmente, pela extinção da unicidade sindical, que é, também, o objetivo do movimento sindical que historicamente defende a ratificação da Convenção n. 87 da Organização Internacional do Trabalho (OIT). A redação proposta ao artigo 8º apresenta um problema, entretanto. Deve ficar claro que a liberdade sindical efetiva requer, mesmo à luz da repisada Convenção n. 87, mecanismos legais de proteção, uma vez que o direito à liberdade sindical vai além da liberdade de adesão ou não a um sindicato, constituindo-se um direito à atuação sindical. Esse é todo o espírito de jurisprudência internacional fixada na OIT sobre o assunto. É preciso que chamemos a atenção, ainda, para o fato de que a noção jurídica de liberdade sindical vem sofrendo, sob a vigência do texto constitucional de 1988, um retrocesso nestes últimos anos. O aspecto que mais se desenvolveu da liberdade sindical na Justiça foi exatamente a denominada liberdade negativa. Ou seja, a liberdade do trabalhador não pertencer a qualquer sindicato. É com base nessa liberdade negativa, acolhida no nosso texto constitucional, que os tribunais isentam os trabalhadores não sindicalizados de contribuírem financeiramente com os sindicatos representativos da categoria profissional. Mas cabe-nos dizer que os sindicatos são necessários à democracia. As organizações existentes, que estão sofrendo o fenômeno do declínio das taxas de sindicalização, podem não ser necessárias àqueles trabalhadores. Isto acontece também com muitos sindicatos corporativos. Mas o direito à organização e de praticarem atividades de defesa de seus interesses, entre elas o exercício da greve, continuam necessárias a esses trabalhadores e são instrumentos legítimos diante da ética democrática. A queda da representatividade de um sindicato, ou dos sindicatos em um determinado período de crise, não autoriza quem quer que seja a concluir que os mesmos são desnecessários."

Luiz Antônio de Medeiros, Presidente licenciado da Força Sindical: "A Força Sindical é uma Central que se coloca sempre em defesa da liberdade e da modernidade. Com relação a um assunto tão debatido nos últimos tempos — a questão da unicidade sindical — a opinião da Força não foge à regra. Portanto, para deixar bem claro: somos a favor da liberdade sindical, pelo fim da unicidade. Porém, toda moeda tem seu revés. Pluralidade sindical não pode significar pulverização do movimento sindical. Um exemplo prático que ocorreu em nosso País e que até hoje atravanca a vida política nacional: sob o argumento de defender a liberdade de criação de partidos políticos, dezenas deles foram criados; e o que nós sabemos é que, em geral, não representam absolutamente nada. Ou seja, não se faz democracia, mas bagunça. Não se melhorou o sistema representativo. Ao contrário, todos nós sabemos o quanto os partidos nanicos atrapalham a democracia. Ora, os sindicatos são também formas de representação. São mais próximos do trabalhador do que os partidos políticos, e a luta pelo seu fortalecimento é prioridade para o justo debate de idéias. Pelas formas como o fim da unicidade sindical tem sido propostas, a Força Sindical teme que o resultado seja a pulverização do movimento, e o seu conseqüente enfraquecimento. Pelo fim da unicidade, sim. Mas com critérios. E — principalmente —

só aceitamos uma reforma onde todas as Centrais e os sindicatos sejam atentamente consultados, pois essas instituições representam a vontade legítima do trabalhador."

Antônio Neto, Presidente da Central Geral dos Trabalhadores — Brasil (CGTB): A proposta do governo federal de eliminar a unicidade sindical embute pressupostos do modelo neoliberal, ou seja, a flexibilização dos direitos trabalhistas e a pulverização do movimento sindical. Para os neoliberais, a luta de classes não existe mais. Portanto, sindicato é algo desnecessário. Assim sendo, nada mais coerente que defendam o fim da unicidade sindical. Com o pluralismo defendido por FHC, teremos sindicatos por empresa, negociações salariais empresa por empresa, até chegarmos ao cúmulo de, no âmbito rural, negociações fazenda por fazenda. Qualquer um poderá fundar um sindicato e o patrão negociará com quem ele quiser. Enfraquecendo os sindicatos, desmantelando a representação sindical, quebrando a força da unidade, que tipo de negociações com o patronato os trabalhadores poderão travar? Na unicidade, atualmente em vigor, a representatividade está definida. Mudar a estrutura sindical sem que se discipline esse princípio demonstra que nenhuma importância está sendo dada à mobilização dos trabalhadores, fundamental durante as negociações com o patronato. Para nós da Central Geral dos Trabalhadores — Brasil, pluralismo real é a convicção democrática de correntes dentro de um mesmo sindicato, debatendo idéias, discutindo e acatando o resultado de eleições, assembléias e, sempre, de maioria."

Paulo Lucania, Presidente da União Independente (USI — Brasil): "A proposta de Emenda Constitucional (PEC n. 623/98) é mais um atentado aos trabalhadores e às entidades sindicais. Substituir a unicidade sindical pela pluralidade é propor o aniquilamento dos sindicatos, das federações e confederações de trabalhadores. É uma afronta a esses órgãos que hoje constituem os únicos elementos de defesa dos trabalhadores e de seus direitos, tão ameaçados pela ideologia neoliberal. Leia-se flexibilização das leis trabalhistas, fim da representação classista, do Poder Normativo da Justiça do Trabalho e das contribuições sindicais. Essa PEC n. 623/98 propõe o isolamento dos trabalhadores, que correm o risco de ficar cada vez mais reféns dos empregadores. E numa época onde o temor do desemprego assume proporções assustadoras. É com a união do movimento sindical e somente com ela que essas iniciativas não obterão êxito. Nossas mobilizações devem ser constantes e efetivas, na intenção de evitar um mal maior. Ou seja, a aprovação da famigerada PEC. Vitorioso, estou certo, o verdadeiro sindicalismo brasileiro, contando com a manutenção da unicidade sindical, com as contribuições; enfim, preservando a atual estrutura e organização sindical garantirá o futuro dos trabalhadores deste País."

Laerte Teixeira da Costa, Presidente da Central Autônoma dos Trabalhadores (CAT): "A PEC n. 623/98 é fruto da arrogância e autosuficiência do governo FHC. Não foi precedida de ampla discussão com os setores interessados e está misturando assuntos, os quais deveriam ser tratados em separado. A Central Autônoma dos Trabalhadores está contra a referida PEC, não só pela inconseqüência legislativa, mas porque ignora mais de meio século da experiência sindical brasileira, a qual, por certo, precisa ser aperfeiçoada, mas não destroçada. A CAT talvez tenha sido a única Central Sindical brasileira a fazer uma pesquisa entre as organizações filiadas para saber a posição majoritária sobre o futuro da estrutura sindical. Os resultados foram amplamente divulgados: a maioria optou pela continuidade da unicidade e pela existência da contribuição (qualquer que seja a forma) que permita a sobrevivência das entidades. Esta posição foi tirada no Congresso constitutivo de 1995. Com relação ao fim de Justiça do Trabalho, entendemos que ela não é a melhor do mundo e merece críticas, sobretudo por sua morosidade e por evidente parcialidade ao longo de sua história. Mas é uma instituição que deve ser preservada e ter as suas prerrogativas aumentadas. Em casos de conflitos e impasses insuperáveis, a Justiça do Trabalho deve ter poder normativo e deve ser uma garantia de paz social. Como contrapartida e para desafogar a Justiça do Trabalho, deve ser também ampliado o espaço de negociação entre patrões e trabalhadores, através de suas representações, os sindicatos.

Daniel Caldeira, Presidente da Central Sindical dos Trabalhadores de Transportes Rodoviários (CSTTR): "Estabelecer um movimento em defesa da unicidade sindical é necessidade urgente de todo sindicato sério e comprometido com as lutas democráticas e conquistas dos trabalhadores brasileiros. É se colocar frontalmente contra o conceito de pluralidade, mas antes de tudo temos de analisar e entender o porquê do setor patronal e algumas Centrais estarem interessadas no pluralismo. A maior fundamentação dos defensores do pluralismo é dizer que o mesmo democratiza o movimento sindical (sabemos que esta é uma grande mentira). Esses defensores se embasam na Convenção n. 87 da Organização Internacional do Trabalho (OIT) esquecendo-se que a própria organização defende um movimento sindical livre e soberano, mas que seus princípios em momento algum indicam um modelo a ser seguido. Ao contrário, reconhece a pirâmide sindical federativa e confederativa, contra a qual se insurgem os inovadores de plantão. Sabemos que após a promulgação da Constituição de 88, esses 'inovadores', em nome da liberdade sindical, e num oportunismo jamais visto criaram a indústria dos sindicatos fantasmas, visando enfraquecer o movimento sindical sério e honesto. Nos colocamos frontalmente contra a pluralidade sindical, por entender que somente os trabalhadores seriam prejudicados, pois com a multiplicação de sindicatos em uma mesma base territorial, os patrões acabariam com todas as conquistas dos trabalhadores. Devemos ter em mente que atualmente os patrões já interferem nos sindicatos, pressionando pela não sindicalização, demitindo e perseguindo quem participa do movimento, chegando ao absurdo de bancar chapa de oposição quando a diretoria não se submete aos seus interesses. Aceitar a pluralidade é o mesmo que colocar a raposa para tomar conta do galinheiro; é entregar os trabalhadores à força do poder econômico. Devemos nos unir e lutar contra os inovadores do neoliberalismo, pois somente com a união de todos os sindicatos, federações e confederações vamos conseguir barrar essas atitudes nefastas ao movimento sindical e aos trabalhadores brasileiros."

Airton Ghiberti, Diretor de Organização e Política da Confederação Geral dos Trabalhadores (CGT): "Para a Confederação Geral dos Trabalhadores, a unicidade sindical é questão de princípio e consta de seus estatutos. Por isso, e por defender a manutenção do sistema confederativo, a CGC é contra a PEC n. 623/98, que muda os artigos 8º e 114 da Constituição. O primeiro, retira a representação unicitária das categorias de trabalhadores pelas entidades sindicais. O outro limita o poder normativo da Justiça do Trabalho e reduz unilateralmente o direito de acesso à Justiça, violando uma cláusula pétrea da Constituição. A medida foi preparada por comissão especialmente designada e incluída no pacote de medidas econômico-financeiras acertado com o Fundo Monetário Internacional (FMI) sem sequer ter sido mostrada à sociedade. Lutaremos no Congresso por sua rejeição. A Executiva Nacional da CGT, em reunião realizada no dia 16 de novembro último, aprovou o documento de luta contra a PEC n. 623/98. Nele, orienta todos os trabalhadores a resistir às medidas econômicas anunciadas, agrupando-se em torno de seus sindicatos e entidades, visando garantir nossos direitos e conquistas e buscando soluções capazes de minorar as dificuldades por que passam os trabalhadores."

José Avelino Pereira (Chinelo), Diretor Executivo da Social Democracia Sindical (SDS): "Aceitamos o fim do poder normativo da Justiça do Trabalho, mas o governo tem obrigação de abrir a discussão de um Código do Direito do Trabalho, moderno e contemporâneo, que defina *a priori* os direitos que são inflexíveis e inegociáveis, para depois adentrarmos no capítulo das possibilidades de flexibilização. É intolerável que os Poderes Executivo e Judiciário atuem juntos no sentido de sufocar os sindicatos financeiramente, sem que se proponha alternativa de recursos para a sustentação dessas entidades. Falar do fim das atuais leis que regem a estrutura sindical sem propor alternativa legal de organização é entregar os trabalhadores à sanha cruel do capitalismo brasileiro, que é majoritariamente selvagem. Mais do que nunca, precisamos de sindicatos fortes e unitários."

Aí estão, de forma explícita, a proposta governamental e a dura reação dos congressistas contrários à sua aprovação, como aliás era de se esperar.

7. Os deslizes e equívocos dos chamados "representantes do povo"

Mas, afinal, como está o andamento da PEC n. 623/98 na Câmara dos Deputados? Primeiramente, ela seria distribuída à Comissão de Constituição e Justiça, seguida de um longo ritual. Quando de seu envio, estimava-se que, se não fosse rechaçada de pronto, sua aprovação poderia levar no mínimo uns dois anos. Isto se ela tramitasse normalmente.

Pois muito bem. Saibam que no momento em que esta obra estava sendo ultimada, o setor de Sinopse da Câmara Federal nos dava conta, de maneira formal e oficial, que dita Proposta de Emenda Constitucional — regida sob regime de tramitação ordinária — simplesmente não passara do estágio de leitura e publicação da matéria, feita em Plenário no dia 10 de novembro de 1998.

Como se observa, este é um palco onde seus atores continuam contracenando uma peça que, infelizmente, peca pela boa qualidade, de texto e da própria boa performance de representação, onde seus intérpretes não correspondem à expectativa da platéia.

De um lado, canastrões do Executivo, desempenhando sofrivelmente o papel próprio do eterno blefador, dos adeptos do jogo do "faz-de-conta".

De outro, com fisionomia fechada de quem quer briga para valer, os esforçados — porém de uma interpretação sem relevo — coadjuvantes do Legislativo, prometendo mover céus e terras se o Executivo, como o Senhor Todo-Poderoso realmente decidir acabar com essa verdadeira reserva de mercado que virou o sindicalismo brasileiro para muitos dos seus integrantes, inclusive alguns deles, integrantes do Poder Legislativo, é claro.

Não é à toa que ganha ares de significativo desabafo e, concomitantemente, de reveladora e grave denúncia, o fato de um líder sindical da estirpe de um Enilson Simões de Moura, presidente da Social Democracia Sindical, escrever um artigo para o jornal "Gazeta Mercantil" (cujas características editoriais conservadoras desse órgão de imprensa e do perfil do seu público leitor certamente não se afinam com as dos dirigentes sindicais representativos dos trabalhadores, sendo indubitavelmente antagônicas) e explicitar de forma cristalina os conceitos abaixo, cristalinamente insertos no contexto de seu comentário "Enganos e hipocrisia da legislação trabalhista", cuja transcrição plena consta em páginas anteriores:

"...Sindicalismo no Brasil, hoje, na grande maioria dos casos é sinônimo de cartorialismo. São entidades que trabalham com o único objetivo de remunerar o peleguismo e o paternalismo. Em vez de representação dos trabalhadores, o sindicalismo é um grande negócio para poucos. (...).".

Atribui-se ao neoliberalismo, do qual o presidente Fernando Henrique Cardoso por conhecida vocação política é um ideólogo e cultor (só não provou ainda ser praticante...), a extinção do atual modelo sindical. Desculpem, mas isso é uma grande perda de tempo, para não dizer que trata-se de uma bobagem descomunal.

Em nosso País já está longe o tempo onde os governantes e os legisladores eleitos exerciam no desenvolvimento dos seus mandatos as linhas de conduta pertinentes às bandeiras doutrinárias que professavam no curso de suas vidas e as defendiam no palanque e na prática executiva ou legislativa, como, por exemplo, o liberalismo, que representa o conjunto de idéias e doutrinas visando assegurar a liberdade individual no campo da política, da moral, da religião e demais valores, dentro da sociedade.

No caso em tela, o novo liberalismo político consagraria a doutrina que visa estabelecer a liberdade política do indivíduo em relação ao Estado e preconiza oportunidades iguais a todos.

Mas essa prática ocorria na já tão saudosa quanto distante época em que o Brasil possuía estadistas de fato e de direito, que se consagravam como tal mediante comportamento irretocável ao longo de sua vida pública. Eram aqueles que no desempenho dos seus mandatos uniam o perfil político ao discurso e este à ação.

Lastimável e desgraçadamente, o pós-Revolução de 64, devolveu-nos, em termos de classe política, o caldo amargo e rançoso produzido pela heterogeneidade do que sobrou.

A nata descansa em paz nos campos santos desta Nação.

É dessa poção, dessa polpa de odor mais para nauseoso do que aromático e de consistência viscosa que se origina a nossa atual classe política.

São os ditos representantes do povo, antes das eleições. Eleitos, transmudam-se para representantes deles mesmos e dos seus interesses pessoais e de grupos que nada têm a ver com o interesse público. Isso é generalização? Obviamente que não. Mas são raras as exceções. E isso é suprapartidário.

71

Aliás, este é o fato inconteste e causa maior do desalento que o povo brasileiro já não consegue mais conter. Os partidos políticos, que deveriam ser os pilares inexpugnáveis da democracia, em nossa terra, sem nenhuma exceção, já não passam de meras instituições comerciais e de maquinações rasteiras de politicalha para se chegar ao poder e se manter no poder!

Isto ajuda a explicar a disseminação desenfreada e incontrolável do câncer que corrói nossas instituições.

Numa democracia em que, no geral, o voto já é dado por exclusão (ou seja, ao menos pior) ao contrário do que deveria ser, isto é, por convicção, não é de admirar-se que prevaleça a política estribada no casuísmo, no empurrar com a barriga, no deixa como está para ver como fica.

Ideologia política? Isso é coisa que existe somente em tese, para justificar a existência da democracia que pressupõe a partidos políticos fortes e verdadeiramente representativos. E o que é, hoje, um partido político no Brasil senão uma rentável organização comercial e um grande negócio para os seus "proprietários" ou principais "sócios"?

Numa democracia autêntica, genuína, de raízes fortes, o cidadão se vê despertado e até induzido por suas convicções doutrinárias a adentrar para o partido que mais se afine às suas convicções.

No Brasil existe esta militância? Geralmente o cidadão só se filia a uma organização partidária quando quer ser candidato a alguma coisa. E isto tem um custo certo: se eleito, ficará dependente dos compromissos firmados adredemente. Jamais desempenhará seu mandato com independência.

Isto — ainda que de forma breve e sem necessária profundidade, pois não é o objetivo deste livro — explica por que de maneira geral aquele que consegue eleger-se para mandato eletivo anula-se totalmente. Seus ideais pessoais — depois de eleitos — já não mais lhe pertence. Sua atuação, no Executivo ou Legislativo, vai desenvolver-se dentro das conveniências ditadas pelo partido que o elegeu. E se este firmar "acordos" e "composições" visceralmente antagônicos às suas convicções, terá de cumpri-las.

Não é sem outro motivo que o candidato que conhecemos (antes das eleições) era inteiramente diferente do que hoje exerce seu mandato.

Será que o povo ainda não se apercebeu que cada partido tem seu cacique maior, e é justamente este que, nas eleições majoritárias, é lançado como eterno candidato?

O que é o PSDB de hoje, senão uma facção dos descontentes e que ficaram sem espaço no PMDB de ontem. No que, ideologicamente, são diferentes os componentes do PSDB em relação ao PFL, ou de ambos no que tange ao PPB ou PMDB?

O único que mantém certa coerência, por seu conhecido radicalismo, é o PT. Mas se a grande maioria dos eleitores brasileiros confiassem no PT ele não teria perdido uma eleição até hoje... E por acaso isto aconteceu?

Porventura, nos casos em que os candidatos desse partido radical foram eleitos o seu desempenho e conduta foram diferentes dos outros, os dos chamados de elite ou da classe dominante?

Conseqüentemente, existe alguma diferença neste ponto entre um e outro? Infelizmente não.

O que prova que nossas instituições democráticas precisam ser revitalizadas e com extrema urgência. Do contrário submergirão novamente, dando azo ao retorno dos Governos de exceção, sempre implementados sob o regime da força e sob o rótulo de "última instância".

Portanto, cuidado e caldo de galinha não fazem mal a ninguém. Até porque isso tem sido cíclico em nosso País. É só olhar para trás.

Nesta altura da nossa vida democrática, se fosse dado ao povo a opção da não obrigatoriedade do voto, não seria difícil imaginar o enorme percentual dos eleitores que já não se dariam a essa obrigação constitucional.

E não é preciso ser cientista político para afirmar de forma categórica que o eleitor não acredita nas agremiações partidárias. Até em razão da deformidade acima apontada.

Vota no candidato, não no partido. E neste caso a exceção é comprovadamente diminuta.

Querem uma prova cabal disso? Então nada melhor e mais recente do que a eleição do deputado federal Luiz Antônio de Medeiros, conhecido sindicalista, consagrado nas urnas pelo PFL. Será que até hoje a totalidade dos seus quase 200 mil eleitores sabem disso?

A pergunta até se justifica no fato (na ocasião destacado pelos órgãos de informação) de que antes de sua eleição o nome do partido estrategicamente não constava dos *banners* e outras peças promocionais do referido candidato. E se tivesse constado, teria sido diferente? Acreditamos piamente que não. E o perfil populista do referido deputado teoricamente se afina com a doutrina do citado PFL? A resposta é dispensável... Portanto, o que há de novo é que, verdadeiramente, partido político só existe no papel.

Antigamente, candidato de trabalhador tinha de filiar-se em partido popular. Nos dias atuais, é eleito, tranqüilamente, pelo PT, PC do B, PTB ou mesmo pelos teoricamente elitistas PSDB, PFL e outros afins.

Dessa forma, aquilo que poderia ser invocado como um aprimoramento da prática democrática, infelizmente não passa de uma consagração pessoal de um candidato, por seus eventuais ou pretensos méritos e qualificativos, não importa, e não por evolução do sistema. Fato que continua sendo extremamente preocupante e profundamente desalentador.

Isto não é digressão. É constatação provada. Negá-la é não admitir a própria evidência. Por conseguinte, chega de proselitismo político.

Doutrina partidária não passa de instrumento em desuso. Só existe em tese, especialmente nesta atual conjuntura política, que melhor poderia ser definida como autocracia. Afinal, governar com o instrumento de Medidas Provisórias (provisórias?) mais se assemelha aos governantes de poderes ilimitados e absolutos, dos que aqueles que pregam ser escravos da democracia...

Quem quiser governar em estrita consonância com a causa pública, não necessitará de seguir a cartilha de nenhuma doutrina. Basta usar as regras básicas e elementares da racionalidade, bom senso, honestidade de propósitos e espírito público voltado para os interesses da maioria.

Isso é o que importa e é coerente com "Ordem e Progresso" constante do Pavilhão Nacional. O resto será puro adereço.

O epílogo do comentário "Uma farsa", do deputado federal Aldo Rebelo, transcrito em página anterior deste livro representa uma prova formalizada da visão estrábica de alguns ao insistir em imputar conotação doutrinária ao presidente FHC no episódio de apresentação da Proposta de Emenda Constitucional n. 623/98, talvez até para realmente tentar vincular à força uma pretensa ojeriza do poder dominante em relação à classe trabalhadora — e o que é pior, tentando mascarar sem nenhuma sutileza (de forma até descarada) a preservação do dinheiro fácil das contribuições impositivas e obrigatórias que até há pouco tempo abasteciam de forma farta as burras dos sindicatos — iniciativa que em nada enobrece o caro parlamentar, pois lamentavelmente deixa transparecer o seu estranho, porém explícito raciocínio de que a causa pública, o interesse maior do País, é fator menor e irrelevante.

É o que pode ser inferido da leitura do trecho final de seu artigo, que voltamos a transcrever (com indispensáveis grifos nossos):

> "(...) O governo critica a herança corporativista do movimento sindical. Não é, contudo, por **seus vícios** que pretende quebrar-lhe as pernas. Ao contrário, porque apesar deles, o movimento sindical brasileiro representa uma poderosa força de resistência à onda neoliberal que massacra os trabalhadores e destrói o Brasil. A oligarquia deseja **fechar as torneiras do financiamento do movimento sindical porque não suporta a presença de trabalhadores na cena política e social do País.**"

Este é apenas um dos exemplos da mentalidade reinante.

Afinal, de onde emanam esses recursos? Do Governo? Claro que não, pois o Governo só administra (e geralmente mal).

O dinheiro é proveniente dos contribuintes (como sempre) da sociedade brasileira, que aqui é representada por empregados e empregadores que recolhem a contribuição sindical.

O Estado é sempre o agente, o intermediário. Que arrecada e que, neste caso, fica só com "modestos" 20%...

Portanto, o dinheiro que sustenta esse sistema falido sai do bolso do povo, que deve — consoante a opinião do nobre parlamentar — continuar sustentando os **vícios** desse modelo sindical, ainda que a premissa apresentada ("o movimento sindical brasileiro representa uma poderosa onda neoliberal que massacra os trabalhadores e destrói o Brasil") fosse realmente verdadeira!

O que, convenhamos, é muito discutível. Será que são somente atos do Executivo que aniquilam com o Brasil, como esse tipo de onda neoliberal aludida pelo respeitável congressista? O problema não seria muito mais amplo e complexo? Com toda certeza que sim, sendo igualmente certo que não compete a uma obra como esta desfilar, até porque, com certeza, seu elenco esgotaria dezenas de fascículos.

Quanto à argüição externada pelo citado parlamentar de que a oligarquia deseja alijar a presença dos trabalhadores da cena política e social do País, ela é rigorosamente inexata e de uma colossal impropriedade. Simplesmente não resiste à evidência do que pelo menos se observa nos dias atuais, na política e na sociedade, segmentos que se acham eivados da reclamada participação popular, motivo pelo qual essa afirmação não é procedente.

O que deve ocorrer, com certeza, principalmente na área política, é de que pelo menos nesse palco a performance do trabalhador, quando da representação do seu mandato, consegue a proeza de ser ainda mais sofrível do que a do representante de uma categoria econômica mais privilegiada, daí emanando o fato de ser menos contemplada com número de representantes.

Mas isto também não é tema a ser desenvolvido por este livro, na profundidade que o assunto necessita...

E o aludido deputado, que não tenho o privilégio de conhecer, com certeza sabe disso.

Que ele, bem como todos os demais inúmeros congressistas, representantes de sindicatos de trabalhadores e do patronato lutem em prol de seus ideais pessoais e até corporativos, inerentes às entidades às quais estão vinculados, no campo da lógica, racionalidade e honestidade de princípios, tudo bem. É válido e até dever inerente ao exercício parlamentar.

Mas daí a tentar justificar a continuidade de um sistema, que ele mesmo, de forma declaradamente explícita admite publicamente possuir **"vícios"**, e que estes devam ser relevados por conta de uma argumentação que não resiste à mais comezinha apreciação de seriedade, há uma enorme diferença.

Desculpe-me caríssimo deputado Aldo Rebelo, a quem respeito profundamente e cujas observações críticas aqui contidas não tem nenhum propósito de natureza pessoal, até porque não teria eu nenhuma razão para assim proceder, bem como, repito, não conheço o nobre congressista e nem disponho de nenhuma informação sobre a sua vida parlamentar. As observações expendidas são de ordem estritamente impessoal, formuladas dentro do mais elevado exercício de cidadania e absolutamente circunscritas aos fatos narrados. Assim devem ser recebidas e — como é evidente — serem eventualmente contestadas.

8. A PEC n. 623/98 é mais um blefe governamental

Na verdade, o presidente Fernando Henrique Cardoso governa o País muito mais na base dos casuísmos desprovidos de quaisquer bandeiras ideológicas, inclusive a do alegado neoliberalismo. O certo é que sempre houve incontrolável e desassossegada inquietação sua e dos seus Ministérios no sentido de tentar sintonizar seus atos governamentais às ondas das pesquisas de opinião pública. Ultimamente, porém, não obstante o inaudito esforço desenvolvido, o saldo da conta crédito/débito de seu governo não lhe tem sido muito benfazejo...

Destarte, esse intento de valorizar o episódio atrelando FHC aos seus eventuais cultos neoliberais, eventualmente até professados, mas não praticados ao longo do seu desempenho na presidência da República, nos parece ser tarefa inteiramente baldada ante a evidência dos fatos.

Mas o episódio serve de exemplo para mostrar com profunda clareza a verdadeira distância, anos-luz que a grande maioria da nossa classe política deveria possuir — e de forma nítida — no tocante aos autênticos interesses públicos da Nação. Governar e legislar bem é sempre ter em conta os interesses da maioria da sociedade. Por conseguinte, da Nação.

É assim que ocorre?

Conclusão que só surpreende aos menos avisados: a PEC n. 623/98 não passa de mais um "balão de ensaio", lançado pelo Planalto.

Como sempre acontece, falta vontade política. A intenção mais uma vez não é seguida da ação. Informações dão conta de que o Governo voltará a carga em março de 2001, depois das eleições municipais. Trataria prioritariamente dos remendos na Consolidação das Leis do Trabalho. A tal prevalência do negociado sobre o legislado. E se houver "clima" para as mudanças sindicais. É até possível que isto aconteça, desde que a pauta não comprometa sua estratégia política quanto às eleições de 2002...

Conclusão: como vimos, e de sobejo, o Governo cumpriu o seu papel ao editar essa Proposta de Emenda Constitucional. Uma outra parte, sempre contrária (mas que, pelo menos tem o reconhecido e inquestionável mérito de não esconder-se) ao rejeitá-la, como aqui ficou amplamente registrado.

Pior são os acomodados, os "enrustidos", os que nunca querem mostrar a cara, os eternos "não me comprometam". Mas que vivem e sugam o sistema sindical como os vampiros em suas incursões acobertadas pelo manto da escuridão.

São aqueles que pensam que podem permanecer como um anônimo na multidão, mas quando, enfim, flagrados e obrigados a manifestar-se (sempre à força, pois nunca possuem a coragem de fazê-lo de modo espontâneo) reconhecem — agora que Inês é morta — que sabiam que a situação iria chegar a esse ponto...

Mas jamais tiveram a coragem de sair da horizontal em que vegetam para ao menos tentar fazer algo no sentido de minorar os efeitos devastadores que aí estão. Na pior das hipóteses teriam marcado sua posição. Não há outro título para esses declarados omissos, que abundam no sindicalismo, alguns extremamente notabilizados pela indolência, omissão e pífia tibieza.

São os encastelados no poder, que não admitem mudanças, exceto as que não prejudiquem seus interesses.

Algumas dessas figuras bifrontes são pródigas em maquinações, sempre realizadas às sombras. Muitos deles nem conhecem ou se interessam pela legislação ou conhecimento operativo sindical. Simplesmente servem-se dele.

Como este livro não tem outro objetivo senão mostrar o atual estágio operativo e administrativo do modelo sindical em vigor, propondo modificações práticas após registrar fatos irrefutáveis e, eventualmente, até tecer conceitos de caráter opinativo, mas sem aprofundá-los (exceto em situações em que isso torna-se praticamente impossível, sob pena de não se poder expender o raciocínio com a devida clareza, perdendo-se essência quanto ao contexto) creio que, ante o até aqui claramente exposto e salvo melhor juízo, todos haverão de concordar não ser nenhum exagero conceituar como de verdadeira **"mixórdia"** o atual momento por que atravessa o sindicalismo brasileiro.

E o pior é que a tendência é a de aprofundamento ainda maior dessa situação, ao contrário de uma desejada, profilática e salutar reversão.

9. O vaticínio de ontem que continua sendo a realidade de hoje

São por todos esses irrefutáveis motivos que o autor vaticinava em sua última crônica, publicada na edição de maio/junho/99 da Revista "RTA — Relações Trabalhistas Atualidades":

> **"...Por mais singular que possa parecer, sua maior chance de sobrevivência (da unicidade sindical) reside exatamente em não se fazer nada. Ou seja, deixar tudo como está, no que, convenhamos, FHC e sua equipe são especialistas.**
>
> **O governo FHC não avança em sua proposta de extinção da unicidade, como dantes e, por via de conseqüência, o Congresso não aprecia a matéria.**
>
> **Todos se fingem de mortos e, dessa forma, o doente terminal irá exalando os seus últimos suspiros, até o óbito que inevitavelmente não tardará. No entanto — e para gáudio íntimo dos ardorosos e pertinazes defensores da unicidade sindical — o desenlace não terá sido causado pela eutanásia governamental."**

Perdoem-me pela franqueza com que concluo este capítulo, no bojo do qual não resisto à irônica e irresistível mordacidade contida na indagação: qualquer **coincidência** não é mera **semelhança?**

Por mais estranho que a princípio possa parecer, a única possibilidade de mudança repentina desse quadro passa necessariamente pela plena retomada do desenvolvimento econômico.

Não nos esqueçamos que só agora começamos a melhorar de uma crise sem precedentes, fruto da maior recessão vivida nesta terra apropriada por Cabral, cuja política econômica é ditada pela cartilha do FMI (sempre tão negada pelo Governo quanto mais evidenciada pelos fatos, desde que vistos com olhos de absoluta isenção). Mas ninguém pode garantir que não mergulharemos novamente numa outra recessão (tão ou mais profunda do que esta última), de vez que continuamos a ser um país inteiramente dependente do capital externo, cujas regras de preservação desse dinheiro especulativo não depende do Brasil e sim da situação mundial. Qualquer anormalidade alienígena incidirá em nossa frágil economia.

De todas essas dificuldades emanou a maior e mais violenta crise de desemprego, jamais observada em toda a nossa história. Como era natural, o movimento sindical de reivindicatório passou a contemplativo. A luta deslocou-se para a preservação do emprego, dando azo a que o governo não mais fosse "incomodado", como nos áureos tempos da economia forte, onde, apesar do "grevismo" em alguns setores localizados, os sindicatos eram profundamente temidos e respeitados.

A PEC n. 623/98 nada mais é do que a munição pronta para adentrar a arma do governo e esta voltar a ser apontada diretamente para as lideranças sindicais.

Se houver essa reversão, isto é, o reaquecimento da economia, a retomada do desenvolvimento e o conseqüente e progressivo pleno emprego, gerando condições para o retorno de movimentos sindicais reivindicatórios, aí então, dependendo do comportamento do movimento sindical ser julgado pelo Governo como incômodo ou hostil, esta arma hoje desengatilhada e relegada ao esquecimento voltará a ser azeitada e usada como instrumento de pressão.

E na qualidade de complicador ainda maior desse quadro, some-se o prenúncio da volta do "dragão da inflação" que o Plano Real do governo FHC jura ter liquidado, mas que todos nós sensatamente temos lá nossas dúvidas.

Assim como possuímos também igual consciência de que a manipulação da inflação trata-se de um velho "produto" nacional e da qual os seus poderosos e gananciosos fomentadores, espalhados nos quatro cantos deste País, nunca abriram ou abrirão mão, ainda que por força de circunstâncias estejam obrigados a permanecer um bom tempo "fora de operação".

Como se prenuncia, o filme que nós já vimos em várias ocasiões neste nosso cine Brasil, mais cedo ou mais tarde poderá novamente retornar ao cartaz. Será nesse momento — se ele de fato ocorrer — que precisará haver Governo forte, de pulso de aço. De ação rígida e não só de discurso de palanque e de rede nacional de televisão, que os gananciosos sempre se acostumaram a assistir resfestelados em suas confortáveis poltronas, enquanto concomitantemente ordenavam a seus funcionários a remarcação dos preços de seus produtos.

País realmente rico é aquele que produz, que dá emprego, e não o que depende basicamente do incerto e flutuante capital externo, que vive da especulação. Se não houver massa salarial para comprar o que a indústria fabrica e o comércio vende, gerando poupança interna, estaremos sempre ao sabor e dependente desse volátil agente.

Até porque, não nos esqueçamos, todo o mérito do desaparecimento inflacionário até aqui ficou por conta das amargas medidas da brutal recessão, novos saques junto ao FMI, aumentando cada vez mais a dívida externa (que cada Governo tratará de aumentar ainda mais, deixando o abacaxi por conta do próximo e assim por diante) juros estratosféricos, e, acima de tudo: do capital externo volátil, que deixa todo mundo agitado e agoniado.

Aliás, o País teve uma azeda e inesquecível mostra disso quando dos transtornos e agruras enfrentados pelo Brasil por ocasião da não tão distante desvalorização do real, oportunidade em que FHC acabou sendo derrotado pelo mercado. Ele que teimosamente insistia em manter o câmbio sobrevalorizado. Afinal, apregoava aos quatro cantos, juntamente com seus indômitos defensores, de que não haveria desvalorização do real, por que isso representava um compromisso do Brasil com o mundo de manter sua moeda estável e forte. O resultado todos conhecem. E o seu preço, também.

Mas no fundo teria sido mesmo esse patriótico comprometimento de não desvalorizar o real no tempo certo, quando se tornava até inevitável que assim se procedesse já que as condições de mercado, numa economia frágil como é a brasileira não são — e comprovadamente — não podem ser regidas por retóricas demagógicas, leis ou decretos governamentais?

Por que a desvalorização não ocorreu pouco antes, no período que precedeu a reeleição do candidato Fernando Henrique Cardoso, e sim após?

Seria porque a sua campanha estava fincada unicamente no palanque da sustentação da moeda, que, afinal, era realmente seu maior trunfo para a vitória nas urnas, ainda que à custa da mais perversa recessão vivida pelo povo brasileiro, bem como de uma gigantesca crise de desemprego, que até hoje assola o País?

A resposta a essa indagação pode ser a encontrada na matéria "Moratória de dívida externa atingiria empresas", de autoria da jornalista *Leandra Peres*, e publicada em "O Estado de S.Paulo", edição de 3.9.2000, caderno "B" ("Economia e Negócios"), página 1, com grifo nosso:

"(...) Ao mesmo tempo, a análise da evolução da dívida desde o início do Plano Real (atualmente em R$ 231,3 bilhões) suscita a pergunta de por que as empresas concordaram em se arriscar no mercado externo. A resposta passa pela política cambial que vigorou até o início de 1999 em que o real foi mantido sobrevalorizado. Ou seja, era preciso pouco da moeda nacional para comprar dólares, o que fazia com que valesse a pena para o empresário tomar dinheiro lá fora a taxas de juros mais baratos para investir no País.

'A responsabilidade por essa dívida externa não é dos credores, **mas da valorização do real que foi irresponsavelmente mantido até o ano passado**', diz o ex-ministro Bresser Pereira, que defendeu, em 1987, a renegociação da dívida externa.

O câmbio sobrevalorizado manteve sempre viva a possibilidade de uma desvalorização repentina, como de fato aconteceu. Isto obrigava o BC a manter elevadas as taxas de juros para atrair os investidores estrangeiros. É com os dólares que entram que o governo financia o déficit que tem nas transações do País com o exterior. Ao mesmo tempo, a dívida interna subiu com os juros (...)."

Como se observa, em nome dos supremos interesses nacionais há muita e muita conversa para boi dormir. E o pior é que nem sempre o boi dorme. Muitas vezes é conduzido ao matadouro.

A prova de fogo, portanto, ocorrerá quando da plena retomada da economia, que, mais cedo ou mais tarde, fatalmente acontecerá, pois, apesar de tudo, este País, que ocupa a oitava colocação no ranking mundial da Economia, é muito maior do que a sua classe política, verdadeiramente nanica em relação ao gigantismo das nossas potencialidades.

Ah, que formidável seria se aquela tivesse a mesma dimensão desta... Seríamos, com certeza, a maior nação do universo.

E é justamente isto que causa dor lancinante. Um país como o nosso, com essa extensão territorial continental, abençoado por Deus. Não temos maremotos ou terremotos. A natureza nos é profundamente generosa. Se for jogado um grão de cereal no asfalto ele é bem capaz de germinar. Em compensação, nossa classe política... E quem é responsável por isto? Nós mesmos, povo, sociedade.

Quando iremos, finalmente tomar plena consciência disso? Num próximo governo militar, daqueles que vem "como última instância"?

Acorda Brasil!

Os controversos que me contraponham.

CAPÍTULO IV

AS PECULIARIDADES DO SINDICALISMO PATRONAL

1. As principais diferenças entre o sindicato de trabalhadores em relação aos patronais

Notaram que ao longo do capítulo anterior, muito se falou a respeito dos sindicatos dos trabalhadores e da posição destes? Mas no decurso de toda essa verdadeira cronologia informativa e o desfile de opiniões de seus representantes praticamente nada foi salientado sobre o setor patronal.

E ainda: por que se fala tanto em sindicato de trabalhadores e quase nada do setor patronal se lei não faz diferença entre ambos. Por que será que isto ocorre?

O fato remete a um importante componente histórico e cultural. É chegado o momento de apresentá-lo de forma franca e sem rebuços, como, aliás, é a tônica e linguagem deste livro.

Nesta Nação, quando o tema é sindicalismo, geralmente só é lembrada a classe profissional, ou seja, os trabalhadores.

Pouco ou quase nada se comenta sobre o sindicalismo patronal. Em conseqüência dessa rara ênfase quando dessas abordagens, muitos são os que não sabem diferenciar entre um e outro.

Em essência, todos os sindicatos (de empregados ou patrões) são constituídos para fins de estudo, coordenação, defesa e representação legal da categoria (econômica ou profissional), de conformidade com os preceitos legais vigentes e com o objetivo de colaborar com os poderes públicos e as demais corporações associativas no sentido da solidariedade social e da subordinação aos interesses nacionais. Essas são as regras e premissas institucionais e estatutárias.

No que tange ao funcionamento, no entanto, existem diferenças profundas e até antagônicas.

Relativamente à aglutinação, isto é, à corporação associativa, é muito mais fácil o sindicato de trabalhadores reunir em seu bojo um número infinitamente maior de partícipes, já que ele agrupa colegas no sentido absolutamente literal da palavra. Todos estão no mesmo barco, em termos de necessidades e na luta por conquistas comuns.

Portanto, as divergências de opiniões, ainda que em número impressionantemente acentuado, ainda assim é profundamente menor em relação ao patronal.

Neste, por peculiaridades facilmente identificáveis, o colega é visto com olhos de competidor ou rival. Isto implica num relacionamento menos profundo e, conseqüentemente, mais fragilizado.

Enquanto os sindicatos de trabalhadores lutam proeminentemente por conquistas de alcance econômico (ainda que, por vezes, através de meios de coerção e conduta nem sempre em conformidade com a ética), e que, por extensão, contemplam a todos os seus integrantes que geralmente estão sempre muito mais unidos e coesos, a atuação dos sindicatos patronais sofre alguns entraves, sendo o maior deles — com toda a certeza — o da falta de união.

Isso é gerado pelo conceito individualista de que o "outro" é seu rival e competidor e não colega de luta e de conquistas que premiem a ambos e, por via de conseqüência, à toda categoria. Claro, óbvio e evidente que isto inibe uma melhor performance.

E para que muitos dirigentes sindicais patronais não aleguem que esse fato não ocorre em seu sindicato, nossos antecipados parabéns. Mas não estamos falando de exceção, e sim em tese, de regra. E de tese, desculpem-me, absolutamente indefensável. Quem é do meio patronal sabe disso. De cor e salteado.

Muito embora as coisas estejam mudando de figura nessas transformações que estão aí e vão se acentuar cada vez mais, a linha de serviços que até aqui vinha sendo dedicada por um e outro igualmente difere.

A desenvolvida pelas entidades de trabalhadores volta-se mais acentuadamente para a área de atendimento jurídico, treinamento profissional, serviços médicos, odontológicos, e, claro, priorizando o lado social: colônia de férias e outras opções de lazer e entretenimento.

Já aos sindicatos patronais cumpre enveredar para o lado mais empresarial, colocando à sua disposição, dentre outras, consultoria jurídica, tributária e fiscal, detalhamento das convenções de trabalho, elaboração de acordos e dissídios salariais, afora a promoção de cursos, palestras, reuniões técnicas e outros eventos que contemplem as necessidades exigidas por sua categoria econômica, buscando soluções para tal. Quanto ao lado social, a premissa sempre foi de que o empresário possui maior poder aquisitivo do que o trabalhador. Por isso mesmo ele pode escolher o seu plano de saúde ou odontológico. E, como tal, tem maior disponibilidade para viajar, podendo escolher suas opções de forma individual, ao contrário do assalariado.

Mas o atributo básico, que sobra ao trabalhador e falta ao empresário brasileiro é a sua falta de participação ativa e atuante no seu sindicato.

Este é o verdadeiro vírus sistêmico que estrangula e deixa estagnado a grande maioria dos nossos sindicatos patronais. Se isso já é inevitável nos dos trabalhadores, não obstante o nível de participatividade ser maior, nos patronais seu percentual atinge índices incomensuráveis.

Não é sem razão que essa verdadeira endemia sistêmica é a maior responsável não só pela inação de suas diretorias, como também a causa maior do crônico continuísmo diretivo.

As conquistas e o alcance das metas de ação propugnadas pela categoria só se cristalizarão se houver conscientização e indispensável união. Estes dois componentes significam e formam um elo de uma corrente.

Quanto maiores forem a conscientização, a união, a participação, enfim, a completa integração do maior número possível dos componentes do sindicato, mais rijo será esse elo e mais grossa e extensa será essa corrente.

Daí emana a compreensão do fato de os sindicatos de trabalhadores alcançarem com mais facilidade as metas traçadas por sua coletividade e conduzidas por sua direção.

Um dos ranços que os sindicatos patronais não conseguem desvencilhar-se diz respeito à sua incrível submissão às suas federações e confederações. Claro está que, dentro de um regime corporativo, os sindicatos patronais tenham de obedecer às estratégias e filosofias impostas pelas mesmas federações e confederações.

Todavia, em alguns sindicatos isto beira às raias da pífia subserviência. E na maior das vezes não é inspirada em nenhuma estratégia ou norma filosófica do sindicato ou mesmo imposta pela federação. É determinada pela vocação pessoal dos seus dirigentes, ávidos por ocupar cargos nessas entidades de segundo grau, mesmo que eles sejam meramente decorativos. Nada além de massagear o ego, mas em detrimento da própria postura do sindicato, que, além de dobrar a sua para satisfazer suas vaidades pessoais, dobra a espinha da entidade e dos seus representados. Felizmente, isto também será doravante saneado, pois ao dirigente não mais será permitido adotar ações que não sejam as do interesse da categoria e não mais dele, isoladamente. E já não sem tempo.

Igualmente explica e justifica o estado de insolvência que instalou-se com intensidade maior nos sindicatos patronais. Se já não eram eficientes, se nunca se preocuparam com a conquista de associados espontâneos, porque isso implicaria em trabalho sério e em prol da maioria e, portanto, desvinculado dos interesses pessoais dos seus dirigentes, no instante em que começa a grassar a inadimplência é muito maior a tendência do distanciamento e do desligamento de vez, do que a aproximação.

É o que está acontecendo. Num setor onde as condições de união já eram — pelas peculiaridades acima — normalmente complicadas e numa era em que a situação financeira das empresas passou a determinar a priorização de suas despesas, é óbvio que a decisão de afastar-se do sindicato tornou-se questão elementar. A culpa maior é de quem? Do contribuinte? Claro que não. Portanto, os dirigentes nessas condições que assumam seus pecados e correspondentes ônus e que tratem de reverter a situação. Enquanto houver tempo para isso.

Num passado não muito distante, à FIESP — Federação das Indústrias do Estado de São Paulo, era atribuído poder o **status** de Ministério por seu imensurável poder econômico e político. Esse poderio em verdade não diminuiu e ela continua rica como antes e identicamente influente, porém seus dirigentes fizeram uma devida e oportuna correção no curso de sua atuação, direcionando-a muito mais para a área de defesa dos inalienáveis interesses empresariais de bastidores da Indústria do que para o foco político e da quase cotidiana e obrigatória veiculação na mídia, como outrora. Procedimento sábio e meritório.

Inclusive, todos os militantes do sindicalismo patronal sabem, em detalhes, que o seu jovem e dinâmico atual presidente, Horácio Lafer Piva foi o responsável por uma radical modernização intestina da entidade e de que há muito ela carecia, pelo que merece renovados encômios.

2. O advento das comissões e núcleos de conciliação prévia

Senhores presidentes e dirigentes de sindicatos patronais: as coisas mudaram. O mundo mudou. O Brasil não poderia fugir à regra da modernidade, da globalização da economia, das comunicações. Enfim, do progresso sem fronteiras.

Como um dos muitos exemplos dessa modernidade, aí está o projeto de funcionamento de Comissões e Núcleos de Conciliação Prévia, instaladas a partir de março de 2000, em boa parte provenientes e estimuladas pela concepção da mediação e arbitragem, técnicas sem tradição em nossa pátria, onde aportaram recentemente, também trazidas pelos ventos da modernidade e da globalização da economia, o que ajudará a desafogar a emperrada e entulhada Justiça do Trabalho.

Não obstante tratar-se de práticas longamente utilizadas e difundidas nos países de primeiro mundo, a grande verdade é que no Brasil ainda engatinham, sendo inquestionável que as maiores dificuldades a serem superadas para a sua definitiva implementação são principalmente de ordem histórico-cultural, fato que exigirá um extraordinário trabalho de natureza didática.

Por via de conseqüência, somente de forma lenta e progressiva será rompido o cultuado tabu brasileiro de que todo e qualquer litígio deve ser resolvido pelo Judiciário, em sua liturgia tão formal quanto morosa.

Todos nós não desconhecemos a existência de inegável indústria de reclamações trabalhistas, fomentada por maus advogados e estimulada por péssimo patrões e empregados.

Assim, muito mais por casuísmos e conveniências unilaterais do que pela pacífica racionalidade é que prospera celeremente a condenável prática de se levar para a Justiça do Trabalho pendências que poderiam ser rapidamente solucionadas.

Ora, como a Justiça do Trabalho invariavelmente está entupida (a exemplo dos demais segmentos do Poder Judiciário), a morosidade já enraizada campeia, para desalento de uma das partes e regozijo da outra ou ainda para frustação de ambas.

Dois princípios basilares nortearão as modificações neste âmbito, caso venha prevalecer o advento da pluralidade sindical:

1º — extinção do poder normativo da Justiça do Trabalho, que somente poderá ser exercido como vontade das partes;

2º — criação de instâncias extrajudiciais prévias de conciliação e mediação nos dissídios individuais de trabalho.

O que vale salientar é que, por mais importante do que eventuais mudanças na legislação sindical, o que deve prevalecer é a reversão de mentalidade. Urge que, neste aspecto, as relações do trabalho como um todo sejam mais transparentes.

Aliás, é imprescindível que elas se tornem altamente progressistas. E a mediação possui um perfil ideal para a rápida solução dos conflitos trabalhistas, já que a própria lei de Arbitragem (de n. 9.307/96) prevê um prazo máximo de 180 dias da data da instauração do procedimento e alcance de sua conclusão.

Aliás, o futuro sinaliza a tendência observada em países mais desenvolvidos, segundo a qual somente após esgotado o procedimento da mediação é que um litígio pode ter desenvolvimento, até sua solução.

Em conseqüência, pelo fato da mediação ser desconhecida pela sociedade brasileira, faz-se absolutamente indispensável o redobrado empenho de todos os partícipes do movimento sindical ampliarem cada vez mais os canais disseminadores junto aos órgãos de comunicação e formadores de opinião.

Ainda sobre esse assunto, os números mais recentes dão uma mostra da sua grandiosidade. A Justiça do Trabalho recebe em torno de 2,5 milhões de reclamações por ano, no País. Em São Paulo, cada uma das 79 Varas da Justiça do Trabalho acolhe uma quantidade média de 14 reclamações por dia.

Basicamente, as Câmaras ou Núcleos em perspectiva de criação e funcionamento, estarão instalados em sindicatos ou em locais a serem determinados pelas entidades. Na hipótese de um empregado desejar apresentar reclamatória trabalhista contra a empresa para a qual trabalha, poderá dirigir-se a um dos núcleos de conciliação prévia e nela formalizar sua queixa trabalhista.

Em seguida, as partes envolvidas (patrão e empregado) se reúnem e têm o prazo de 10 (dez) dias para tentar solucionar o impasse. Se não houver entendimento nesse período, o empregado poderá recorrer à Justiça do Trabalho.

Mas como tudo de inovador em nosso País, já começa a haver resistências e, conseqüentemente, já existe um sério complicador. Segundo declarações de *César Augusto de Mello,* um dos assessores jurídicos da Federação Estadual da Força Sindical, ao jornal "O Estado de S.Paulo" de 27.8.2000 (página B-10). "A lei sobre a criação de comissões e núcleos de conciliação prévia de conflitos trabalhistas já provoca desconfiança em empresários, advogados e até sindicalistas. Vários empresários rejeitam a lei porque preferem investir na morosidade da Justiça do Trabalho. Acreditam que terão benefícios financeiros com a demora para pagar dos direitos trabalhistas desrespeitados".

Já para o presidente da Federação dos Metalúrgicos da CUT, *Paulo Sérgio Ribeiro Alves*, ouvido na mesma reportagem, essas comissões podem começar a mudar as relações entre capital e trabalho. "É comum o trabalhador saber que seus direitos na empresa não são cumpridos e respeitados. É igualmente comum o trabalhador imaginar em ter os direitos respeitados com o apoio da Justiça do Trabalho, depois de sair da empresa (...). Ainda segundo Alves, quando as partes resolvem os conflitos sem recorrer ao Estado, as empresas pagam em média apenas 20% da quantia total que teria direito a receber, afirmando que tal cultura tem de acabar."

Ainda na aludida nota é dado conta de que os custos de uma causa nessas comissões criadas pelo Sindicato da Micro e Pequena Indústria (Simpi) e a central da Força Sindical, é de R$ 150,00, sendo cobertos sempre pela empresa, ficando o empregado isento de qualquer ônus.

Segundo as duas entidades envolvidas, de abril até agosto/2000, nas 56 comissões de conciliação existentes em todo o Estado de São Paulo, foram solucionadas 2,5 mil divergências concernentes a direitos trabalhistas.

Ao fim desse parêntese e em função de tudo o que já foi exposto, recomendamos aos senhores presidentes e demais dirigentes sindicais no sentido de que tratem de consultar os associados e contribuintes de suas entidades sobre as necessidades mais prementes do seu setor econômico, auscultando-os sobre o que deve ser feito em termos de melhoria da coletividade, de abertura de novos caminhos e de novas conquistas, que tragam frutos comuns aos seus representados. Ajustem essa atuação aos interesses institucionais da sua federação e confederação, efetuando uma devida e correspondente sintonia fina.

Isso é o mais importante. O resto é acessório.

3. As confederações e federações; o sistema "SSS"

A propósito, vamos a uma indagação que poucos tem a coragem de fazer.

Ao contrário das federações e confederações de trabalhadores que ficam em polvorosa quando se fala em extinção das contribuições compulsórias, por que as congêneres do lado patronal nem se importam? Até de maneira oposta, são elas favoráveis a essa extinção, o que não é de admirar-se pois neste aspecto não ficam só no discurso da necessidade de modernização, determinado pelas transformações dos novos tempos, como são condizentes com a prática.

Assim, coerentemente, não são levados em consideração os respectivos prejuízos financeiros decorrentes dessa mudança, já que essas confederações e federações (muito mais a da Indústria do que a do Comércio) entendem como uma inevitável decorrência da evolução do sistema sindical vigente.

A essas federações e confederações patronais não importa se acabem ou não os recursos provenientes das contribuições sindicais compulsórias e impositivas.

A elas o que interessa primacialmente é a manutenção do sistema "S", pois elas, entidades de nível superior, são as suas gestoras. O assunto é delicado, e como tal evitado, e ninguém gosta de tornar público.

Mas, por vezes, ele inevitavelmente acaba vindo à baila, como em determinado trecho da crônica de *Suely Caldas*, sob o título "A reforma trabalhista", publicada na edição de 3.9.2000 do jornal "O Estado de S. Paulo" (caderno "B", página 2, com grifo nosso):

"(...) Alguns desses impostos obrigatórios são verdadeiras excrescências, desvirtuaram-se ao longo do tempo e hoje perderam sentido. É o caso dos chamados "SSS" — contribuições obrigatórias para sustentar SEBRAE, SESI e SENAI, quando se trata da indústria, e seus equivalentes para empresas comerciais e de transportes. *Criados para financiar treinamento e educação de trabalhadores, o dinheiro arrecadado com os " SSS" é administrado pelas direções de confederações e federações de empresários e desviado para sustentar suas estruturas de luxo. O atual presidente da Confederação Nacional da Indústria (CNI), Carlos Eduardo Moreira Ferreira, confessou em programa de TV que 85% das despesas da Fiesp (salários, material, serviços, viagens, etc.) são pagas com o dinheiro do Sesi e Senai. Nos Estados do Nordeste é muito pior, revela um dirigente empresarial, porque o dinheiro é desviado para finalidades ainda mais obscuras. O que é desconhecido é quanto é aplicado em treinamento de mão-de-obra.*"

Picuinhas e questiúnculas à parte — que devem ser apuradas devida e formalizadamente por quem de direito —, cabe reconhecer de pronto —, e do mesmo modo enfatizar a relevância dessas instituições, que mantém escolas não só profissionalizantes, mas também de ensino básico, as quais são de extraordinário nível e que ocupam um espaço que deveria ser do Estado.

Mas num País onde o próprio ensino básico e a saúde (obrigações mínimas do Estado) são altamente deficientes, em razão de dotações orçamentárias aquém das necessidades públicas, ditadas pela *gastança* (e, por vezes, das tristemente conhecidas e divulgadas *lambanças*) não é nenhuma novidade de que a iniciativa privada, com extremo louvor, seja obrigada a substituir a corroída máquina estatal.

Aqui também é verdadeiro o reconhecimento cada vez mais acentuado de que não se deve esperar com otimismo por uma melhor performance do Estado, cada vez mais insolvente e desacreditado, não obstante ser o Brasil cognominado com todos os verdadeiros e merecidos títulos de "o país dos impostos".

E o sistema "S", não nos esqueçamos, é mantido exclusivamente pelo setor patronal, que agrega percentual específico quando do recolhimento das obrigações sociais, decorrente da folha de pagamento das empresas.

Em contraposição, seu poder de influência junto ao Legislativo é bastante acentuado. Que o diga o Executivo nas diversas vezes que tentou alterar esse quadro, em todas elas, obviamente, sem qualquer êxito...

4. As salutares conclusões de recente encontro patronal do comércio

Sem a menor sombra de dúvida, é extremamente gratificante e salutar quando se toma conhecimento das conclusões de congressos de sindicatos patronais, como as desse Encontro (XVI) dos Sindicatos Patronais do Comércio e Serviços, realizado recentemente em Pernambuco.

Verdades absolutamente incontestáveis como as que reproduzimos a seguir, nos dão o alento em prosseguir na disseminação de nossas teses, que até um passado não tão distante ou eram repudiadas ou recebidas com indiferença por dirigentes sindicais patronais que não acreditavam no desmoronamento do sistema, creditando os então indícios de sua desintegração a fatores meramente circunstanciais — e como tal, passageiros — não admitindo que eles eram o início de uma derrocada de natureza estrutural, e, como tal, impossível de ser contida pela corrosão de um sistema perdido no tempo e no espaço.

Estes devem ler e refletir, enquanto ainda é tempo, sobre conclusões irrrefutáveis, constatadas por corporações patronais do peso das Federações do Comércio espalhadas pelo Brasil e que valem a pena novamente serem enfaticamente repisadas:

"1. Que o sindicalismo patronal brasileiro precisa mudar, o mais rápido possível sua antiga forma de atuação cristalizada por mais de cinqüenta anos de sindicalismo. O modelo provedor de recursos centrado no antigo Imposto Sindical está com os dias contados. Quando o Imposto Sindical acabar, mesmo que isso ocorra de forma gradativa, vai acontecer no Movimento Sindical, seja ele patronal ou de trabalhadores, uma natural depuração. Vale dizer que só os sindicatos bem estruturados vão permanecer ativos.

2. O fim do cargo de Juiz Classista representa o primeiro grande passo de reestruturação do Movimento Sindical brasileiro, a partir da redução do corporativismo misto, ou seja, envolvendo ao mesmo tempo o Estado e a iniciativa privada. O Estado que pagava os salários dos Juízes Classistas despreparados, e a iniciativa privada que, através dos sindicatos, indicava pessoas sem a mínima qualificação para exercer o referido cargo. A possibilidade de se eleger um Juiz Classista fez com que pessoas que nunca foram sequer empresárias criassem ou se filiassem a sindicatos semifantasmas, com vistas a obter o cargo. A Legislação Sindical brasileira, no capítulo que se refere à identificação da própria categoria profissional, é tão permissiva que hoje em dia ainda assistimos presença de dirigentes sindicais patronais sem serem empresários, e sim funcionários públicos, fato esse que, além de não ser ético, distorce a própria conceituação de liderança sindical.

3. Para fazer frente a esse nova realidade do final do Século XX e início do Terceiro Milênio, a alternativa para os sindicatos, tanto dos empregadores como dos empregados, é a modernização, que pode ser subdividida da seguinte forma:

a) a reformulação conceitual dos sindicatos, que passam não só a defender interesses classistas, mas também da sociedade onde está inserido;

b) total e ampla independência do setor público, atuando, quando necessário, em conjunto com o poder constituído em atividades que visem o bem coletivo da forma mais transparente possível;

c) identificação clara dos componentes da organização sindical, evitando o peleguismo e a presença de pessoas que não pertençam à categoria;

d) reestruturaçao operativa, transformando o sindicato em uma entidade prestadora de serviços aos seus associados, entre os quais podemos destacar:

1. capacitação profissional do empresário associado ao sindicato;

2. apoio à reestruturação da micro e pequena empresa associada ao sindicato;

3. estabelecimento de uma rede de informações que poderia ser denominada Rede Brasil de Informação Sindical, através da Internet;

4. total desvinculação da atividade sindical de qualquer ação político-partidária.

Com base nessas três grandes linhas de ação, o Movimento Sindical Brasileiro, notadamente o de caráter patronal, deve estabelecer um novo processo de marketing sindical capaz de gerar novas forças de pensamento moderno e de ação efetiva, não só do ponto de vista da categoria profissional, mas também de ampla responsabilidade social."

São trabalhos desse naipe que os dirigentes sindicais patronais devem cobrar de suas federações e confederações, pois elas — com maior estrutura do que os sindicatos, é claro — têm amplas condições de fazê-lo.

5. A importância da associação civil do setor paralela às atividades do sindicato

É disso que o sistema confederativo e federativo necessita e não de triviais banalidades festivas.

O autor, profissional calejado, que com base no desempenho de suas funções, acompanhamento, estudos e tendências de mudanças de rumo do sindicalismo brasileiro, sempre procurou alertar para as transformações que não tardariam, espera que a partir de agora e diante de todas essas evidências, que o dirigente sindical, mais refratário às transformações que se impõem realizar, não só se convença definitivamente de que elas são irreversíveis, como una o discurso à prática, adotando-as imediatamente, sem mais delongas ou retardamentos, se não quiser assistir (e submergir junto) ao inevitável naufrágio de sua entidade.

Vale lembrar ainda que, antes da Constituição de outubro de 1988, quando o sindicalismo estava atrelado ao Estado e dependia dele para funcionar, a começar da outorga da carta sindical pelo Ministério do Trabalho, as entidades patronais mais atuantes ou expostas à opinião pública de forma mais aguda, criaram um expediente inventivo que as ajudava passar incólumes junto às autoridades governamentais, sem arriscar-se aos inevitáveis constrangimentos junto aos detentores do poder. Os principais sindicatos — com as limitações da legislação e receando serem repreendidos por algumas ações que intentassem — passaram a assim proceder, por meio de sua associação civil paralela, que evidentemente funcionava em conformidade com os ditames do sindicato.

Como mero exemplo, não é por outra razão que ao longo do tempo os fabricantes de automóveis ficaram mais conhecidos pela sociedade pelos atos praticados e divulgados pela ANFAVEA — Associação Nacional dos Fabricantes de Veículos Automotores, muito embora laborados e desenvolvidos pelo órgão mor de proteção legal da categoria, ou seja o SINFAVEA — Sindicato Nacional da Indústria de Tratores, Caminhões, Automóveis e Veículos Similares.

Além disso, cumpre destacar outro importante componente. Tornou-se absolutamente necessário canalizar essas ações diretivas (especialmente as que contemplam toda a categoria econômica em nível Brasil) via associação da categoria, residida no fato de os sindicatos possuírem área de jurisdição delimitada, geralmente a nível estadual. Como esses projetos da categoria eram até de âmbito nacional, seu patrocínio pela associação (que muitas vezes era igualmente de abrangência nacional) tornava-se mais representativo, não dando até a impressão de que tinha aspecto eminente local, ou seja, meramente circunscrito à área jurisdicional do sindicato e, portanto, circunscrito à sua região.

Necessário é, pois, que as categorias patronais assumam rapidamente a única postura que delas se espera, que outra não é senão o da reengenharia diretiva e operacional. É evidente que os valores cotejados com os sindicatos de trabalhadores são diferentes e as correspondentes peculiaridades são identicamente distintas.

Compete, no entanto, superar as dificuldades, principalmente as decorrentes da falta de união, que têm de ser buscadas com trabalho redobrado, inteligência, criatividade e, sobretudo, com cavalar dose de esforço, até a exaustão.

A palavra de ordem, portanto, é, além das modificações intrínsecas, a de buscar no companheiro empresário a parceria indispensável para a soma que leve às conquistas, e não mais à teimosa e pouco inteligente conduta do individualismo mesquinho e retrógrado aliado à pecaminosa omissão, que inevitavelmente conduzem ao rigoroso imobilismo.

Você não precisa necessariamente ser amigo pessoal do seu parceiro. Você pode até considerá-lo um cordial inimigo.

Aliás, em termos de formação de caráter ilibado, esta alternativa é muito mais consentânea do que tê-lo como um falso amigo, cujas relações serão sempre reguladas nas regras da mais autêntica e por vezes ostensiva hipocrisia. Mas não será um gesto de inteligência, de lucidez de sua parte deixar de aliar-se a ele em busca de conquistas de interesse comum mais do que de ambos. Em verdade, de toda a categoria econômica a que vocês reciprocamente estão vinculados.

Reflita sobre isso: se o seu sindicato não for forte, você também não o será: se ele morrer, você também estará morto!

A não ser que você seja um daqueles seres que se notabilizam pela auto-suficiência, cultor do individualismo, e que prefere isolar-se do mundo a viver dentro dele, conquistando vitórias e maiores espaços para a coletividade da qual faz parte.

Escolha as armas. Afinal, a decisão é sua.

CAPÍTULO V

AS CONTRIBUIÇÕES PRESTES A SEREM EXTINTAS E AS CONSIDERAÇÕES QUE SE IMPÕEM FAZER

1. A correção dos recolhimentos aos legítimos sindicatos

Outro importante aspecto é de que a empresa associada necessita ter em conta, é de que o recolhimento de suas contribuições (pelo menos enquanto elas estiverem em vigor) precisa ser processado de forma correta, ou seja, exclusivamente ao sindicato autêntico, verdadeiramente representativo da categoria.

Quando isso não ocorre, além de enfraquecer o autêntico e legítimo sindicato da sua categoria econômica, o contribuinte concorre para o fortalecimento de outro, ilegítimo, para o qual o produto do recolhimento foi destinado, e que muitas vezes nada tem a ver com o setor econômico no qual a sua empresa atua. Isto tem muito a ver com categorias econômicas representativas de micro e pequenos empresários, cujos genuínos e legítimos sindicatos são freqüentemente assolados por falsas entidades, cognominadas de "fantasmas" e surgidas com o beneplácito da Constituição em vigor.

Estamos nos referindo principalmente ao recolhimento da contribuição sindical, que, queiram ou não, ainda não foi extinta, estando acobertada em lei (Consolidação das Leis do Trabalho), artigo 578 e seguintes. Desde já desejamos ressaltar com todas as letras que recolher a contribuição sindical (patrões e empregados) não significa ser **"sócio do sindicato"**. Todo trabalhador ou empresa, tem de fazê-lo anualmente, conforme as regras prescritas nos artigos supra, que não foram derrogados pela Constituição promulgada em 1988, e, que, portanto, estão em pleno vigor.

Destarte, não se invoque o inciso V do artigo 8º Constituinte, que diz claramente: **"ninguém será obrigado a filiar-se ou manter-se filiado a sindicato"**.

Este é um verdadeiro mito que precisa ser aclarado. Ora, ninguém fica "**sócio**" de sindicato recolhendo a contribuição sindical, que é obrigação legal de todo partícipe quer de dada categoria profissional ou econômica (vide artigo 578 e seguintes da CLT).

Torna-se associado de sindicato, quem, **espontaneamente** filiar-se ao seu quadro associativo, pagando (além das contribuições por ele impostas) a chamada **contribuição associativa**, que é cobrada de forma mensal, semestral ou anual pelos sindicatos. O termo **sindicalizado** significa que, além de contribuinte, é também associado.

Para uma melhor elucidação da obrigatoriedade de recolhimento da contribuição sindical, e propiciar uma visão panorâmica das demais contribuições cobradas pelos sindicatos, vamos, primeiramente, recorrer de novo ao caro Dr. *Cláudio Rodrigues Morales* em seu eficiente, prático e irretocável manual "Das contribuições aos Sindicatos — Manual com Roteiro Prático" (Editora LTr, 1999, páginas 17 a 19):

["... **5. Do imposto sindical.** O imposto sindical passou a ser denominado de contribuição sindical pelo Decreto-lei n. 27 de 14.11.66, e está previsto nos artigos 545 e 578 a 580 da CLT. O ex-ministro do Trabalho, Paulo Paiva (*In* pronunciamento no Seminário Internacional sobre Relações do Trabalho, *In* Revista LTr-SP, volume 61, n. 10, out/97, página 1315) dispõe que '... 2. A Contribuição Sindical Compulsória que anteriormente chamava-se Imposto Sindical, mantém o financiamento do sistema confederativo. 60% de seu valor destina-se ao sindicato, 15% à federação e 5% à confederação. Os 20% incorporam-se ao Fundo de Amparo ao Trabalhador (FAT). Posteriormente, outras contribuições, como a assistencial e a confederativa têm sido aplicadas de forma generalizada. Muitos sindicatos ainda cobram de seus associados uma contribuição mensal...'.

5.1. Da contribuição sindical. Anteriormente denominado de imposto sindical, é instrumento contrário à liberdade sindical disposta na Convenção n. 87 da Organização Internacional do Trabalho — OIT, pois é incondicionalmente obrigatória pelos integrantes da categoria econômica e profissional. Foi criada, a nosso ver, para manter a estrutura sindical atrelada ao Estado e os valores são rateados entre sindicato, federação, confederação, como previsto no artigo 589 da CLT. *Victor Farjalla*, Procurador do Estado do Rio de Janeiro, *In* Jornal Trabalhista, 22.2.99, página16-748/19, afirma que: '...A contribuição sindical é incompatível com o princípio da liberdade sindical, e, no modelo brasileiro, com o sistema tributário vigente'. Como acima já declinado, ela veio para substituir o antigo imposto sindical previsto no art. 545 da CLT, devida obrigatoriamente por todos os membros integrantes da categoria. *Sérgio Pinto Martins*, Professor-adjunto do Mackenzie, *In* Revista LTr, nov/98, página 1484, afirma que: 'Viola, contudo, a contribuição sindical compulsória, imposta por lei, o princípio da liberdade sindical tratado na Convenção n. 87 da OIT, pois se a pessoa não é filiada ao sindicato, não pode estar sendo obrigada a pagar ao último uma contribuição para custear suas atividades. A OIT entende que a cobrança de contribuições impostas por lei fere o princípio da liberdade sindical por ser incompatível com o direito dos trabalhadores de se filiarem, não se filiarem ou se desfiliarem ao sindicato...'. Neste sentido, temos ainda *Amauri Mascaro Nascimento*. '...No art. 8º, I e II..., conserva o princípio do sindicato único e a contribuição sindical é obrigatória para todos os membros da categoria profissional ou econômica representada por um sindicato...' (*In* Revista LTr-SP, volume 59, n. 08, agosto/95, página 1.023).

5.1.1. Distinção entre a contribuição confederativa.

O Superior Tribunal de Justiça faz distinção da contribuição sindical, nos seguintes termos 'Sindicato — Contribuição confederativa e contribuição sindical — Distinção — Inteligência dos artigos 8º, IV, e 149 da CF — A contribuição sindical é instituída por lei, de interesse das categorias profissionais (artigo 149 da Constituição Federativa), é compulsória apenas para os filiados do sindicato, mesmo aos que resultaram vencidos em deliberação da assembléia-geral, mas nunca aos não filiados' (STJ — 2ª T.; Rec. Ext. N. 184,266-1-SP; Rel. Min. Carlos Velloso; j. 27-08-1996; v.u; ementa). Com a devida vênia discordamos de tal entendimento, pois para nós existe distinção clara entre o tributo, na sua verdadeira expressão, uma vez que sua aplicação é diversa, ou seja, o tributo é para manter os serviços e necessidades gerais da comunidade, enquanto que a contribuição, em regra, é restrita às normas estatutárias e CLT no que for aplicável e somente para determinada categoria.

5.1.2. Distinção entre a contribuição assistencial.

A contribuição sindical obrigatória foi criada por lei para manter a estrutura sindical, e os valores são rateados entre sindicato (60%), federação (15%), confederação (5%) e Ministério do Trabalho (20%, ex-Conta Salário e Emprego, atualmente FAT — Fundo de Amparo ao Trabalhador), como previsto no artigo 589 da CLT. Já a contribuição assistencial é aprovada em assembléia dos trabalhadores e visa a cobrir as despesas gerais do sindicato e das negociações. *Sérgio Pinto Martins*, Juiz Presidente da 33ª Junta de Conciliação e Julgamento de São Paulo, Professor-adjunto do Mackenzie, *In* Revista LTr-SP, volume 62, n. 11, novembro/98, página 1484, afirma que: 'Distingue-se, ainda, a contribuição sindical da contribuição assistencial, pois esta não é prevista em lei, mas em acordos, convenções ou dissídios coletivos. A finalidade da contribuição assistencial é custear as despesas incorridas pelo sindicato nas negociações coletivas, enquanto a contribuição sindical tem por objetivo custear, de um modo geral, as despesas do sindicato'. Não podemos deixar de observar que negociação séria tem início no dia seguinte ao término da anterior, seja no acompanhamento da Política Econômica e Industrial, no aspecto das perdas salariais e postos de trabalho, seja ainda no desempenho das empresas do setor representado e no rastreamento da questão das novas técnicas de trabalho, salário, e aquelas relacionadas à segurança e Medicina do Trabalho. As entidades sindicais têm como principal objetivo as negociações, que ocorrem no dia-a-dia das entidades. Assim, os custos com as negociações acontecem no ano inteiro e não somente nos dias de negociações.

5.1.3. Distinção entre a mensalidade associativa. Como já demonstrado acima, a contribuição sindical obrigatória é devida por todos os integrantes da categoria econômica ou profissional, enquanto que a contribuição associativa é devida somente pelos associados da entidade. Novamente nos socorremos a *Sérgio Pinto Martins*, na obra supracitada, página 1.484 que afirma: 'Diferencia-se, também, contribuição sindical da contribuição associativa ou mensalidade sindical, pois esta é paga apenas pelos sócios do sindicato em razão dessa condição, enquanto a contribuição sindical é devida pela categoria, tanto pelo sócio, como pelo não filiado à agremiação'.

5.2. Valor. A contribuição sindical obrigatória é devida no montante de um dia de salário, conforme inciso I, artigo 580 CLT. Havendo atraso, aplica-se a multa de 10% nos primeiros trinta dias, mais 2% por mês de atraso, além de juros de 1% ao mês e correção monetária, conforme artigo 600 da CLT. Para empregadores, agentes e trabalhadores autônomos, aplicam-se as alíquotas dispostas no art. 580, inciso III da CLT.

5.3. Época do desconto e recolhimento. Para os empregados, o desconto da contribuição sindical obrigatória, em folha, ocorre no mês de março, consoante art. 582; o recolhimento para os empregados e trabalhadores avulsos ocorre no mês de abril; para os agentes e trabalhadores autônomos, além dos profissionais liberais, no mês de fevereiro, conforme art. 583 da

CLT. *José Janguiê Bezerra Diniz, In* Jornal Trabalhista, Ano XIII, n. 602, página 414, de 8.4.96, afirma que: '...Os empregados são obrigados a descontar, da folha de pagamento de seus empregados relativa a março de cada ano, a contribuição sindical por estes devida aos respectivos sindicatos (CLT art. 582)...'.

5.3.1. Exclusão — quem não está obrigado a pagar.

Estão excluídos do recolhimento da contribuição sindical obrigatória quem não exerce atividade econômica com fins lucrativos, consoante o parágrafo 6º do artigo 580 da CLT, e os advogados consoante art. 47 da Lei n. 8.906/94 que dispõe: 'O pagamento da contribuição anual à OAB isenta os inscritos nos seus quadros de pagamento obrigatório da contribuição sindical'."].

2. Os precedentes normativos do TST

Esgotando de vez o assunto, reputo de transcendental importância também detalhar o texto "As contribuições compulsórias e os precedentes normativos", de autoria do Dr. *Fernando Paulo da Silva Filho*, advogado, negociador, especializado em Direito do Trabalho e Sindical, membro da Comissão de Negociações do Grupo XIX — III da Fiesp e Coordenador de Relações do Trabalho da Abimaq/Sindimaq, transcrita da revista "RTA — Relações Trabalhistas Atualidade", n. 130, setembro/outubro 1998, páginas 10/12:

["A Constituição Federal de 1988, estabeleceu em seu artigo 114 que: 'Compete à Justiça do Trabalho conciliar e julgar os dissídios individuais e coletivos entre trabalhadores e empregadores, abrangidos os entes de direito público externo e da administração pública direta e indireta dos Municípios, do Distrito Federal, dos Estados e da União, e, na forma da Lei, outras controvérsias decorrentes da relação de trabalho, bem como os litígios que tenham origem no cumprimento de suas próprias sentenças, inclusive coletivas."].

Este dispositivo constitui o nomeado Poder Normativo da Justiça do Trabalho que, na verdade, se restringe aos Tribunais do Trabalho, porquanto, sentenças normativas, não são proferidas por Juntas de Conciliação e Julgamento que compõem a primeira instância da Justiça Obreira.

Diante deste Poder Normativo, que por vezes se apresenta também discricionário, os Tribunais Regionais e o Tribunal Superior do Trabalho baixam, da mesma forma que cancelam, os chamados "Precedentes Normativos" que se apresentam como condensadores jurisprudenciais para aplicação em processos de Dissídio Coletivo.

Considerando que, assim como as Súmulas e Enunciados, os precedentes normativos não possuem efeito vinculante, os Tribunais Regionais, muitas vezes, editam precedentes totalmente díspares dos fixados pelo TST, embora as partes envolvidas já tenham ciência de que o recurso ordinário eventualmente interposto reformará o decidido no Tribunal *a quo*.

Feito este pequeno preâmbulo, verificamos que o TST tem posicionamento cristalino quanto às contribuições que os empregados fazem aos seus sindicatos representativos, não sendo poucas as referidas contribuições, podendo ser citadas as seguintes:

Contribuição Sindical: Esta contribuição é devida por todo trabalhador e pelas empresas empregadoras. Para o trabalhador é descontada em março de cada ano, correspondente a um dia de salário e recolhida em abril, a favor do sindicato profissional representativo da categoria do empregado.

Deve-se destacar que, existindo sindicato profissional representativo da categoria do empregado, somente para aquele deve ser recolhida a referida contribuição, e, neste caso, não se observa a categoria preponderante, mas sim a real categoria do empregado.

Para as empresas, a contribuição sindical é estabelecida de acordo com o capital social, observada a tabela constante do artigo 580 da CLT, com a devida atualização.

Contribuição Assistencial: A contribuição assistencial em questão é fixada em norma coletiva de trabalho, seja ela negociada entre as partes (acordo judicial, coletivo ou convenção coletiva), seja ela fixada em sentença normativa proferida pela Justiça do Trabalho em julgamento de Dissídio Coletivo.

Contribuição Confederativa: Criada pela Constituição Federal de 1988, em seu artigo 8º, a mesma pende de regulamentação por legislação posterior que discipline a forma de fixação e recolhimento.

Muitos são os sindicatos profissionais que, realizando assembléias, vêm enviando ofícios às empresas para que descontem dos integrantes da categoria a contribuição confederativa que, se anuncia, teria sido aprovada nas mencionadas assembléias.

Dessa forma, impõe aos empregados, sócios e não sócios do sindicato representativo, contribuições confederativas em percentuais, os mais variados, sendo certo que de tais assembléias, comumente somente participaram os associados e mesmo estes em pequeno número.

Dadas estas circunstâncias, destacamos que o próprio artigo 8º da Constituição Federal determina que ninguém será obrigado a associar-se ou manter-se associado.

Uma contribuição imposta aos não associados desta maneira fere tal dispositivo constitucional, além de ter sido fixada de forma no mínimo questionável, já que o artigo da Constituição que criou a contribuição confederativa ainda não foi regulamentado.

Excluindo-se da discussão a contribuição sindical que, até legislação em contrário, é compulsória, as demais contribuições geram, não só na Justiça do Trabalho, como na Justiça Comum, calorosas discussões quanto a sua imposição de forma generalizada aos trabalhadores de uma categoria, já que o entendimento predominante é de que a contribuição compulsória resulta no sócio compulsório, contrariando o disposto no artigo 8º, inciso V da Constituição Federal que assim dispõe: "ninguém será obrigado a filiar-se ou a manter-se filiado a sindicato".

Inicialmente, visando conter a compulsoriedade da contribuição assistencial ou com qualquer denominação derivada, o TST editou, usando de seu Poder Normativo, o Precedente n. 74, que estipulava: "Desconto Assistencial: Subordina-se o desconto assistencial sindical à não oposição do trabalhador, manifestada perante a empresa até 10 (dez) dias antes do primeiro pagamento reajustado". (DJU de 22.9.92, pág. 15.836).

Vieram, então, as inúmeras ações movidas pelo Ministério Público do Trabalho, ou mesmo as ações individuais de trabalhadores insurgindo-se contra a cobrança de tais contribuições, que usualmente são impostas na data-base da categoria. O argumento corrente é de que a compulsoriedade não pode atingir os empregados NÃO associados do sindicato que instituiu a cobrança, mesmo que através de regular assembléia.

Diante disto, o órgão Especial do TST, através da Resolução n. 63/96, em sessão de 24.10.96, editou o Precedente Normativo n. 119, com o teor abaixo, sem, no entanto, cancelar o Precedente n. 74:

"**Fere o direito à plena liberdade de associação e de sindicalização, cláusula constante de acordo, convenção coletiva ou sentença normativa, fixando contribuição a ser descontada dos salários dos trabalhadores não filiados a sindicato profissional, sob a denominação de taxa assistencial, ou para custeio do sistema confederativo. A Constituição da República, nos artigos 5º, inciso XX, e 8º, inciso V, assegura ao trabalhador o direito de livre associação e sindicalização**" (Diário da Justiça de 7.11.96, página 43.156).

Em que pese o teor do referido Precedente Normativo, muitas normas coletivas se seguiram contemplando a cláusula de contribuição para sócios e não sócios, o que também fez crescer o número de ações anulatórias propostas pelo Ministério Público do Trabalho, visando a nulidade de cláusulas da espécie ou recurso ordinário do mesmo Ministério, nos autos dos processos de dissídios coletivos com a mesma disposição compulsória e abrangente (sócios e não sócios).

Passou e então o TST a julgar procedentes as ações anulatórias, ou prover os recursos ordinários, não só para anular a cláusula mas para impor multa decorrente de obrigação de não fazer, como podemos exemplificar a seguir: "PROCESSO N. TST-RODC-401703/1997-2 — CERTIFICO que a Seção Especializada em Dissídios Coletivos do Tribunal Superior do Trabalho, em Sessão Ordinária hoje realizada, sob a Presidência do Excelentíssimo Sr. Ministro Almir Pazzianotto Pinto, Corregedor-Geral da Justiça do Trabalho, no exercício da Presidência, presentes os Excelentíssimos Ministros Antonio Fábio Ribeiro, Relator; Ursulino Santos, Revisor; Armando de Brito, Valdir Righetto, Moacyr Roberto T. Auersvald; o Excelentíssimo Juiz Convocado, Fernando Eizo Ono e o Excelentíssimo Subprocurador Geral do Trabalho, Dr. César Zacharias Mártyres, DECIDIU, por maioria, dar provimento ao recurso para excluir do acordo homologado a cláusula 40, que estabelece desconto assistencial e, nos termos do artigo 461 e parágrafo, do Código de Processo Civil, impor às partes obrigação de não fazer, a ser observada em futuros acordos ou convenções coletivas, ficando vedada a inclusão de cláusula de contribuição assistencial, para custeio do sistema confederativo ou equivalente, sob pena de pagamento de multa correspondente ao mesmo valor estabelecido para o desconto, multiplicado pelo número de empregados abrangidos pela norma coletiva. A multa será paga pelas partes convenentes ou acordantes, revertendo em favor do Fundo de Amparo ao Trabalhador — FAT, ressalvado o ponto de vista pessoal do Exmo. Ministro Relator quanto a esta imposição, ficaram vencidos, em parte, o Exmo. Ministro Armando de Brito, que rejeitava a imposição da obrigação de não fazer, nos termos que incluída na decisão, e Moacyr Roberto, que apenas adaptava a redação da cláusula aos termos do Precedente Normativo do TST de n. 74. (Recorrente: Ministério Público do Trabalho da 4ª Região, Recorridos: Sindicato dos Trabalhadores nas Indústrias Metalúrgicas, Mecânicas e de Material Elétrico de Canela e Outros, Recorrido: Sindicato Nacional da Indústria de Máquinas — SINDIMAQ — Publicado no DJU de 8.4.98 — pág. 15).

Como se vê, o cerne da questão consiste no fato de que o TST, através de sua Seção de Dissídios Coletivos, já vinha julgando processos de dissídios coletivos e entendendo ilegal a inclusão de cláusula de contribuição assistencial confederativa de forma compulsória aos trabalhadores.

Uma vez que entendeu o TST, diante da realidade que se firmou nas relações entre Capital e Trabalho, que tanto o Precedente n. 74 como o de n. 119 não vinham atendendo ao objetivo traçado, resolveu CANCELAR o Precedente Normativo n. 74, que autorizava a oposição do trabalhador e, não existindo mais tal oposição, resolveu REFORMULAR o teor do Precedente Normativo n. 119, o que se deu através da Resolução n. 81/98 de 13.8.98, publicada no Diário da Justiça de 24.8.98, págs. 198/199, passando o Precedente Normativo n. 119, a ter o seguinte teor:

"**CONTRIBUIÇÕES SINDICAIS — INOBSERVÂNCIA DE PRECEITOS CONSTITUCIONAIS: A Constituição da República, em seus artigos 5º, XX e 8º, V, assegura o direito de livre associação e sindicalização. É ofensiva a essa modalidade de liberdade, cláusula constante de acordo, convenção coletiva ou sentença normativa, estabelecendo contribuição em favor de entidade sindical a título de taxa para custeio do sistema confederativo, assistencial, revigoramento ou fortalecimento sindical e outras da mesma espécie, obrigando trabalhadores não sindicalizados. Sendo nulas as estipulações que inobservem tal restrição, tornam-se passíveis de devolução o valores irregularmente descontados.**"

Como se vê, valendo-se do Poder Normativo que lhe foi atribuído constitucionalmente, o Poder Judiciário Trabalhista veda a contribuição compulsória de trabalhadores não sindicalizados, excetuada aquela decorrente de Lei (contribuição sindical), correspondente a um dia do salário do trabalhador, constante dos artigos 578 e seguintes da CLT.

Deve se destacar, porém, que não tendo o Precedente efeito vinculante, poderão as partes envolvidas acordarem de forma diversa ou os Tribunais Regionais proferirem sentenças normativas que não se coadunam com os termos do precedente mas ficarão sujeitas à reforma do pactuado ou decidido, sujeitando-se às multas e devolução dos valores descontados, se a matéria atingir o TST através de Recursos cabíveis.

3. A criatividade de um projeto de lei que não vingou

Em 1990, quando o sistema já começava a dar sinais de decadência e de que o então presidente Fernando Collor iria atingir de forma ainda mais pungente as entranhas sindicais, o então deputado federal José Maria Eymael apresentou um projeto de lei que poucos sindicalistas do setor patronal tiveram oportunidade de tomar conhecimento e que, em razão disso, vale reproduzi-lo, até em razão de sua criatividade, publicado que foi em 7 de junho no Diário do Congresso Nacional (Seção I) páginas 6.554/6.555:

["Projeto de lei n. 5.169, de 1990. Dispõe sobre a contribuição para custeio do sistema confederativo da representação sindical das categorias econômicas, prevista no inciso IV do artigo 8º da Constituição Federal:

O Congresso Nacional decreta:

Art.1º A contribuição para custeio do sistema confederativo da representação sindical das categorias econômicas, prevista no inciso IV do art. 8º da Constituição Federal, será fixada de conformidade com o disposto nesta lei.

Art. 2º A contribuição de que trata esta lei, em se tratando de entidade patronal, seja de natureza urbana, rural e de colônia de pescadores, consistirá em um desconto que incidirá sobre o preço de comercialização dos respectivos produtos de qualquer natureza.

Parágrafo único. A Assembléia Geral dos respectivos sindicatos fixará o percentual do desconto previsto no caput deste artigo, que abrangerá todos os integrantes das respectivas categorias representadas, na forma do disposto nos incisos II, III e IV do art. 8º da Constituição Federal, que se referem à 'categoria'.

Art. 3º As empresas compradoras dos produtos referidos no artigo anterior efetuarão, no ato do pagamento dos mesmos, os descontos ali previstos e depositarão, em estabelecimentos de crédito autorizados pelos respectivos sindicatos, em nome destes, as quantias correspondentes a esses descontos.

Parágrafo 1º. Os depósitos referidos no caput deste artigo serão realizados no prazo máximo de 3 (três) dias, a contar da data de comercialização dos produtos sujeitos aos descontos, sob pena de configuração de crimes de apropriação indébita.

Art. 4º Para efeito do disposto nesta lei, cada sindicato das respectivas categorias econômicas representadas fará publicar, duas vezes consecutivas, no 'Diário Oficial da União' e em jornal local ou regional, o seguinte:

I — o percentual estabelecido pela respectiva assembléia geral, para o desconto de que trata o art. 2º;

II — a atividade econômica correspondente à categoria representada;

III — o estabelecimento de crédito por ele designado para que as empresas realizem os depósitos correspondentes aos descontos;

Art. 5º As empresas sujeitas às obrigações estabelecidas nesta lei deverão, quando solicitadas, exibir aos representantes dos respectivos sindicatos a documentação necessária à comprovação dos descontos e depósitos por elas procedidos.

Parágrafo único. As empresas referidas no caput deste artigo deverão, também, anotar, no verso dos documentos fiscais referentes às suas transações de compra, o valor do desconto relativo a cada uma dessas transações.

Art. 6º Os depósitos bancários, referentes aos descontos efetuados pelas empresas, constituirão documentos hábeis à comprovação do cumprimento das obrigações decorrentes desta lei.

Art. 7º No prazo de 60 (sessenta) dias, o Poder Executivo regulamentará a presente lei.

Art. 8º Esta lei entrará em vigor na data de sua publicação.

Art. 9º Revogam-se as disposições em contrário.

Justificação

O inciso IV do art. 8º da Constituição Federal estabelece que a assembléia geral do sindicato deverá fixar a contribuição para custeio do sistema confederativo da representação sindical, independentemente da contribuição prevista em lei. Esse dispositivo esclarece, ainda, que, em se tratando de categoria profissional, a contribuição será descontada em folha.

Devido a essa especificação, as categorias profissionais não terão problema para decidir sobre essa contribuição, de vez que à assembléia geral de cada sindicato caberá, exclusivamente, fixar o *quantum* que incidirá sobre o salário dos trabalhadores.

Todavia, com relação às categorias econômicas, os Constituintes não definiram como proceder em relação à arrecadação da contribuição que for fixada pela assembléia geral, nos expressos termos do inciso IV do art. 8º da Constituição Federal, deixando, de toda evidência, essa providência a cargo do legislador ordinário.

De acordo com a orientação de sindicalistas, estabelecemos, no projeto, uma contribuição oriunda de desconto que incidirá sobre o preço de comercialização das representativas mercadorias em geral. No ato de cada transação, a empresa procederá ao desconto e, a seguir, depositará a quantia a ele correspondente em estabelecimento bancário designado pelo respectivo sindicato, em nome deste.

Essa espécie de contribuição e sua forma de operacionalização nos pareceram bastante viáveis, em face das razões que, a seguir, comentaremos.

Em primeiro lugar, consideramos relevante anotar que a contribuição adotada no projeto constitui, como já demonstramos, imposição da própria Constituição Federal, vez que esta, ao prever a medida no inciso IV do art. 8º, cometeu ao legislador ordinário a obrigatoriedade de regulamentar a matéria.

Relativamente à fixação do *quantum* da contribuição, tarefa que a Constituição diz competir à assembléia geral dos sindicatos, consideramos oportuno lembrar que, em se tratando de categorias econômicas, a questão não apresentará qualquer problema, porque esses sindicatos, além de serem de âmbito municipal, estadual ou nacional, representam categorias econômicas específicas.

Por outro lado, desejamos observar, também, que a espécie de contribuição sugerida no projeto nos parece ideal, porque a exação alcançaria a todos os participantes de uma determinada categoria econômica, inclusive àqueles não filiados ao sindicato, já que a Constituição atribui à assembléia geral do sindicato a competência para fixar o *quantum* da contribuição destinada ao custeio das respectivas entidades sindicais.

Quanto a abranger os integrantes das respectivas categorias econômicas, é decorrência do disposto nos incisos II, III e IV do art. 8º da Constituição Federal, que se referem só a 'categorias'.

Finalmente, desejamos afirmar que o funcionamento do sistema, compreendendo a efetuação dos descontos e o depósito das quantias a eles correspondentes em estabelecimentos bancários, parece-nos bastante simples, não havendo, inclusive, a necessidade de intervenção de qualquer órgão público nesse processo, o que é vedado pela própria Constituição, *ex vi* do disposto no inciso I do art. 8º.

A segurança e eficiência do sistema são ressaltados quando lembramos que os integrantes das categorias representadas que dão oportunidade ao desconto, são diretamente interessadas na boa condução do processo, exatamente porque todos eles participam da categoria econômica que se beneficiará com as verbas oriundas dessa contribuição. E essa participação, no caso das categorias econômicas específicas, sejam de natureza urbana ou rural, apresenta, entre a empresa e a entidade de classe, vinculação bem mais profunda e identificação muito mais estreita do que as que normalmente ocorrem entre os empregados e os respectivos sindicatos. Quanto ao desconto pelas fontes compradoras, é o princípio já institucionalizado, verbis *gratia*, imposto de renda na fonte, contribuições previdenciárias, etc., e a própria Constituição, inciso IV do art. 8º, "desconto em folha".

Feitas essas considerações, conclamamos os ilustres Pares a examinar, com interesse e acuidade, a presente proposição, solicitando-lhes, inclusive, participação direta na mesma, através de emendas que possam enriquecer e aperfeiçoar uma idéia que, repetimos, possui o escopo de servir como mera sugestão ao trabalho de regulamentação de importante dispositivo constitucional."]

Este projeto do deputado José Maria Eymael não chegou a ser apreciado e votado em plenário, motivo pelo qual não prosperou, culminando por seu arquivamento.

4. Penalização aos que não recolhem a contribuição compulsória; como era e como de fato está hoje

Deste amplo e límpido quadro, cumpre-nos apresentar as conclusões abaixo, firmadas na lógica e na cristalina racionalidade.

Ainda que passíveis de longas e até fastidiosas interpretações jurídicas opostas, elas são um retrato sem retoque da realidade. Por incontestavelmente pragmáticas, delas nos valemos de maneira conclusiva.

A contribuição sindical é inequivocamente obrigatória, respaldada por lei. Isto é ponto pacífico. Portanto, como ficam aqueles que não a recolhem? Por quem e como serão punidos?

Remontemos ao período anterior a 5 de outubro de 1988, data em que foi promulgada a Constituição da República Federativa do Brasil, em vigor. Sindicato algum teve, tem ou certamente terá poder de polícia.

Nunca nenhum agente de sindicato teve autorização legal para entrar numa empresa e exigir a comprovação de recolhimento da contribuição sindical. E estamos falando de empresa, de sindicato patronal, sim, porque os sindicatos dos trabalhadores sempre foram ungidos com a graça de ter as empresas como fontes ou agentes — como queiram — em matéria de seus arrecadadores. Elas, por lei, descontam do salário do empregado e efetuam seu repasse, conforme preceituado na legislação.

E retornando ao ponto inicial: não recebida a contribuição sindical que lhe era devida, o sindicato oficiava ao Ministério do Trabalho, competindo a este comprovar, mediante fiscalização de seus agentes, a veracidade da inadimplência.

Se constatada, a empresa era punida com as cominações estabelecidas nos artigos 598/600 da CLT.

E, como óbvio ululante: ninguém desejava ser fiscalizado por deixar de recolher uma contribuição de valor até desprezível em relação aos incômodos transtornos e tudo o mais decorrente de uma fiscalização trabalhista, que, como é natural, aproveitava sua estada na empresa para checar a regularidade de todos os demais procedimentos, mediante consulta aos seus livros.

No instante em que o Poder Público desatrelou-se da vida sindical, as coisas começaram a mudar. E a culpa não pode ser imputada somente às empresas que deixaram de recolher a contribuição sindical, sentindo que o poder de coerção do Estado havia acabado. Às entidades sindicais patronais cabe grande parcela dessa culpa.

A Constituição não só consagrou a prevalência da unicidade sindical, permitindo, também a multiplicação dos sindicatos, como — e o que é pior — institucionalizou uma outra, que não poderia mesmo receber outro título senão a da merecida cognominação de "confederativa" ("...para custeio do sistema confederativo da representação sindical respectiva, independentemente da contribuição prevista em lei" — inciso IV do art. 8º da CF).

Como se vê, nem autonomia sindical plena, exigida pela atualidade dos tempos modernos, muito menos tentativa (já que aprimoramento do sistema da unidade sindical é missão praticamente impossível) de minorar os equívocos do modelo.

Ao contrário, os legisladores constituintes fizeram questão de ampliá-los, certamente premidos pela pressão do Estado de preservar o sistema, não importando se isto era ou não o melhor para o País. Como sempre, decisão de caráter político em benefício próprio e não da coletividade. Aquilo que é uma constante e com o que já não mais nos surpreendemos.

Ora, a empresa contribuinte (mas não associada) que já pagava a contribuição sindical obrigatória, a contribuição assistencial, imposta em cláusula específica para patrões e empregados nas convenções ou dissídios salariais da categoria econômica, defrontaram-se com mais uma contribuição impositiva.

O País que já vinha se arrastando com o desmoronamento do Plano Cruzado do finado Dilson Funaro, discípulo de José Sarney, topou pela frente com o lendário e inesquecível (sob todos os títulos imagináveis...) Fernando Affonso Collor de Mello e os seus "memoráveis" Plano Collor I e II.

O primeiro, no dia subseqüente à sua posse (15.3.1990) e o segundo em fevereiro de 1991, ambos perpetrados e engendrados por Collor em conjunto com a distintíssima e veneranda senhora Zélia Maria Cardoso de Mello, ministra da Economia, Fazenda e Planejamento (e equipe) e que tinham por objetivo **simplesmente acabar** com a inflação em 8 (oito) meses, assistir os pobres, modernizar e desestatizar a economia, colocando o Brasil no primeiro mundo, reduzir o déficit público, combater a corrupção, etc. (como bem nos lembra a "Grande Enciclopédia Larousse Cultural, editada pela Nova Cultural — 1998) Conclusão: acabou despachada do cargo em maio de 1991, antes da conhecida e rocambolesca "renúncia" de Collor em 29 de dezembro de 1992.

Além da deplorável situação econômica a que o País ficou relegado e da grave crise institucional provocada pelo governo Collor, este ainda conseguiu a primazia de ser o vilão número 1 do sindicalismo nacional.

Editou três Medidas Provisórias (ns. 215/90, 258/90 e 275/90) tentando eliminar a contribuição sindical obrigatória. Por tratar-se de matéria constitucional todos os seus três formais intentos acabaram não sendo convalidados pelo Poder Legislativo. Porém, o "estrago" foi imenso.

Premidas por dificuldades econômicas oriundas do referido governo, logo em seguida os setores produtivos se anteparavam com novas e ainda maiores dificuldades geradas por outras ainda maiores modificações na Economia, fruto do Plano Real, em julho de 1994, implementado pelo sucessor de Collor, Itamar Franco, que acabou sendo sucedido por Fernando Henrique Cardoso, que por sua vez fora o ministro da Fazenda daquele.

A isto tudo, some-se a selvagem recessão econômica que sobreveio e só agora dá mostras de que está indo embora, a globalização da economia e outros fenômenos conjunturais bem Brasil.

Ora, como diz o adágio popular, "não há tatu que agüente".

Inspiradas originariamente no "acaba, não acaba", "pague não pague", sentindo que deixavam de pagar a contribuição sindical e não acontecia nada e descapitalizadas por perdas de receitas outrora fartas e na atualidade minguando, fruto da reunião de todos os fenômenos acima, não poderia dar outra: o sistema de arrecadação dos sindicatos começou a vazar. Até porque a insatisfação dos contribuintes em relação aos sindicatos mais do que nunca era exteriotizada como jamais ocorrera no passado, até em função do compreensível fato de que o contribuinte era obrigado a pagar a contribuição sindical e ficar quieto.

Aliás, esse sempre foi o objetivo principal dos sindicatos (sempre guardadas as raras exceções): tomar o dinheiro do contribuinte. Sindicalizá-lo, prestar-lhe serviços, aproximá-lo da entidade visando o futuro que poderia transformar-se em tempos bicudos (e que, enfim, chegou) não era sua prioridade.

Tornou-se agora, e não por opção ou escolha espontânea, mas sim por imposição da única forma de sobrevivência!

O que então fizeram alguns sindicatos patronais (e idem de trabalhadores, que também não se contentaram com essa perda de arrecadação)? Começando a sentir a falta desses recursos, outrora generosos, passaram a utilizar-se do expediente pouco sensato e muito menos inteligente da chamada "compensação", isto é, como a contribuição sindical é lastreada em critérios imutáveis, por força do versado em lei, as demais contribuições, assistencial e confederativa passaram a ter seus valores cada vez mais elevados.

Como os valores dessas contribuições são fixados em Assembléia, eles foram sendo progressivamente corrigidos. Para o alto, é claro.

Tradução curta e grossa: somente para atender determinadas formalidades estatutárias, realizava-se a Assembléia (ainda que furtivamente). Colhia-se as assinaturas dos "presentes" (ainda que também *a posteriori*).

Encenado o embasamento da representatividade, gloriosamente fixava-se o valor da contribuição, ao sabor da direção da entidade.

Quando não, nem isso era feito, ou seja, nem Assembléia do tipo "faz de conta" ocorria. Para que perder-se tempo com frívolas prescrições estatutárias: simplesmente emita-se o boleto bancário, anexado a uma comunicação e mandava-se o contribuinte pagar.

O objetivo era sempre o de se atingir uma chamada "conta de chegada", ou seja, com cada vez menos contribuinte pagando, elevava-se o valor da contribuição, sempre na expectativa de que o montante a ser arrecadado pudesse se conservar dentro das projeções ansiadas pelos sindicatos que adotavam essa prática. A fórmula adotada acabou banalizada: menos massa de contribuintes pagando, maior o valor cobrado, cada vez menor o produto arrecadado. Resultado final: número crescente de inadimplentes.

É evidente que o sistema não deu e nem poderia dar certo.

Não demorou muito para que muitas empresas e trabalhadores batessem às portas da Justiça. O caso foi parar no Tribunal Superior do Trabalho, cuja orientação é aquela já conhecida por todos: somente a contribuição sindical é obrigatória. As demais são devidas apenas pelos associados dos sindicatos.

Num dado momento, vários desses sindicatos não aceitaram passivamente a inadimplência cada vez maior e passaram a intentar ações executivas de cobrança dessas contribuições não pagas.

Primeiro problema: quem deveria julgar esses processos? A Justiça do Trabalho ou a Justiça Comum? De pronto instalou-se o chamado conflito de competência.

Instada em alguns processos, a Justiça do Trabalho foi incisiva ao fixar posição de que aquele poder judicante deve mediar conflitos entre o setor patronal e sua paritária categoria profissional, ou seja, entre patrão e empregado ou vice-versa. Assim, deu-se por incompetente para julgar pendência gerada por sindicato contra um seu filiado que deixara de pagar contribuição por ele imposto.

Por sua vez, a Justiça Comum possui o seu imutável ritual. Ações executórias de contribuições Assistencial e Confederativa, quando não recusadas em função da decisão contida no já salientado Enunciado n. 119 do Tribunal Superior do Trabalho, tinham de ser individualizadas.

Explicando mais detalhadamente. Um sindicato possuía, hipoteticamente, 10 mil contribuintes em atraso. Quando foram levado à cobrança executiva, ficou constatado que o processo tinha obrigatoriamente de ser caso a caso. Contribuinte, por contribuinte. Não cabia cobrança coletiva, fosse por rua, bairro, região ou cidade.

Ora, ao considerar-se o valor de cada cobrança individualizada, mesmo acrescida das cominações de juros, etc. e tendo-se de aguardar as citações, intimações feitas pelo Oficial de Justiça, recursos e tudo o mais que prescreve a liturgia do Direito, chegou-se à acaciana conclusão que a relação custo/benefício nem de longe compensava a efetivação dessa pretendida cobrança executória.

Ademais disto: quando um sindicato entra na Justiça contra um seu representante, a quem por direito compete a ele representar e defender, isso não é, se traduz em procedimento de soma, de elevação, e sim de subtração, que não condiz com os seus mais elementares princípios estatutários. Ao contrário, trata-se de uma grossa e paquidérmica contradição.

Como se observa, no contexto não existem santos. Todos tem a sua parcela de culpa. Tem de ser apontados à execração e condenados a purgar seus pecados.

Na mesma linha de pecaminosa contradição encontra-se o Estado, que desatrelou-se da vida sindical, mas comodamente continuou a autocontemplar-se com os 20% de cada contribuição sindical recolhida neste País.

O que anteriormente se destinava à conta "Salário e Emprego" transformou-se em "Fundo de Amparo ao Trabalhador — FAT". Entre outras finalidades, financia o seguro-desemprego, que não deixa de ser encargo mais que louvável ante sua relevância social, especialmente nesta fase onde o desemprego continua sendo elevadíssimo. Tem igualmente outras destinações, principalmente no setor de disponibilização de linhas de crédito que por vezes, infelizmente, acaba sendo exposta na mídia com noticiário de desvios, cuja constatação e apuração de responsabilidades nem sempre são trazidas à público com o mesmo destaque.

No mais, o Poder Executivo pelo menos tem a desculpa que foi obrigado a sancionar a Constituição como ela chegou às suas mãos, transfigurada pelos legisladores do Poder Legislativo, sempre ávidos pela preservação de interesses que nem sempre são os ditados pela grande maioria da sociedade, e, por isso mesmo, do pleno interesse público.

É o que ficou, feliz e muito bem retratado por *José Francisco Siqueira Neto*, advogado em São Paulo e Brasília, mestre de Direito pela PUC de São Paulo, membro da Academia Nacional de Direito do Trabalho e do Instituto Brasileiro de Direito Social, em seu excelente artigo "Autonomia Sindical", publicado no livro "Direito Sindical Brasileiro", de Ney Prado, Coordenador de Estudos em homenagem ao eminente mestre Prof. *Arion Sayão Romita* (Editora LTr, 1998, página 234):

["(...) O inciso II, do art. 8º da Constituição Federativa de 1988, impôs o modelo da unicidade sindical, deixando a definição do *enquadramento sindical* e da *base territorial* por conta da competente assembléia geral dos trabalhadores. De fato, o *enquadramento sindical* oficial foi substituído pelo espontâneo, e a base territorial passou a ser definida pelos interessados, com o único impedimento de não ser inferior a de um município.

Todavia, muito embora aparentemente flexível, não é suficiente para encerrar o ciclo restritivo da autonomia sindical no Brasil. Isto porque a unicidade foi mantida integralmente.

Como realçado, unicidade, enquadramento e base territorial são peças da mesma engrenagem, são institutos reciprocamente dependentes entre si, como também da própria configuração jurídica específica. Ou seja, havendo unicidade, pouco importa para efeito da autonomia sindical se há 'liberalização' do enquadramento sindical e da base territorial ou vice-versa.

Na prática, o legislador constituinte pouco fez.

A Constituição de 1988, repita-se, proibiu a interferência e a intervenção do Estado nas organizações sindicais, mas corroborou todas as bases do sistema anterior, tais como a indução dos sindicatos municipais e a obrigatoriedade da unidade por categorias profissionais e econômicas, núcleo fundamental do sistema sindical corporativista.

É certo que muitas restrições à autonomia sindical foram excluídas da ordem jurídica nacional por força dos incisos I e II do art. 8º da Constituição de 1988. Neste rol, apresentam-se o fim do controle do Estado sobre a fundação e dissolução das organizações, a administração, a ação (nos limites deste estudo), e boa parte da organização sindical (fim do controle sobre os estatutos, eleições, administração, gestão financeira). Porém, é forçoso reconhecer que, com a manutenção da unicidade sindical (e também do sistema confederativo), na essência, a normativa constitucional manteve a espinha dorsal do edifício coporativista.

Para concluir, gostaríamos de enfatizar que para nós, a autonomia sindical somente pode ser considerada como real quando condizente com as diretrizes do Direito Internacional do Trabalho, especialmente com as disposições da Convenção n. 87 da OIT.

No Brasil, infelizmente, apesar da mudanças processadas em nosso ordenamento jurídico, este estágio ainda não foi alcançado. É a nosso ver, um dos principais desafios da democracia brasileira."]

É preciso acrescentar alguma coisa a mais diante dessa contundente e cristalina percepção jurídica exposta pelo caro Dr. José Francisco Siqueira Neto?

Para aquilatar-se a irrealidade da representatividade sindical, basta ressaltar que, em muitos casos, a somatória de associados de uma entidade sindical, ou seja, o total de seus sindicalizados não alcança sequer 1% da massa de contribuintes, isto é, em relação ao universo dos integrantes da categoria econômica ou profissional.

Isto também explica as razões da corrosão do sistema: até recentemente, fosse o sindicato atuante ou não o dinheiro proveniente das contribuições obrigatórias entrava do mesmo jeito e em grande volume. Portanto, trabalhar em favor da categoria ou simplesmente deixar de fazê-lo, era uma mera opção.

Mas podem ter certeza de que — pelo menos daqui para a frente — será obrigação, especialmente daqueles que tinham esse tipo de comportamento e conseguirem sobreviver airosamente aos difíceis dias atuais.

Quanto aos contribuintes, fica claro que aquele que deixa de pagar a contribuição sindical ao seu sindicato é, de forma legal e técnica, considerado um inadimplente em potencial.

5. A contribuição sindical desnudada em seus valores reais. Os contribuintes conhecem esses números?

Mas estritamente perante a ótica do contribuinte, será mesmo que vale a pena ele deixar de pagá-la, pura e simplesmente? Do ponto de vista de avaliação de que se o seu sindicato é atuante e corresponde à expectativa desse pagamento, é claro que isso é e será sempre subjetivo. Cada um poderá ter um ângulo de visão diferente.

Conseqüentemente, não será por aí que se chegará a uma decisão racional. Para que essa avaliação fosse consistente, seria necessário, no mínimo, ele passar a interessar-se pela vida da sua entidade. De preferência passar a freqüentar sua sede, procurando saber de suas atividades, conquistas, realizações em prol da coletividade. Coisa que, convenhamos, muitos poucos o fazem. Para não dizer: praticamente ninguém! Seja por falta de tempo ou de confessado desinteresse.

Felizmente, está longe a generalização. Ao contrário, são muitos os que trabalham, e de forma hercúlea por suas categorias. Porém, é o tal negócio: o sindicato não divulga e do outro lado seus contribuintes imaginam que a inação campeia. Paga-se pela fama, nem sempre correta, de que os sindicatos não fazem nada em favor dos seus contribuintes.

O que, rigorosamente, não é verdadeiro. Existem milhares de dirigentes sindicais de valor, batalhadores, gente de extremado e comprovado valor. Só que o contribuinte não sabe disso. E muitos, de fato, nem querem ou expressam desejo de saber.

Outra verdade nua e crua. As empresas de médio e pequeno porte, de um modo geral possuem capital social em valores simbólicos, quase nunca corrigidos. Seus donos ou sócios quando precisam de dinheiro vão às instituições financeiras e obtém recursos que são emprestados com base no patrimônio individual dessas pessoas e não nos das suas empresas. Como tal, a pessoa física é confundida com a da empresa.

Isto é instituição nacional que ninguém teve, tem ou pelo menos manifesta interesse em mudar. Seria até obrigação dos organismos estatais correspondentes, se eles realmente funcionassem como deveriam.

Na hora de pagar a contribuição sindical, ela é calculada pelo capital social registrado declarado, que, é claro, geralmente não corresponde ao seu real potencial econômico.

Sejamos ainda mais práticos e diretos.

Com base na tabela vigente em setembro de 2000, uma empresa que possua um capital de até R$ 3.699,75 (três mil, seiscentos e noventa e nove reais e setenta e cinco centavos) — e quantos milhões de empresas não existirão que se enquadrem nessa faixa de capital? — Pagará a contribuição sindical, anual, no valor de R$ 29,60 (vinte e nove reais e sessenta centavos).

O empresário paga em qualquer banco, este tem obrigatoriamente de repassá-lo à Caixa Econômica Federal, que, após mais ou menos 60 dias da efetivação do recolhimento fará o seguinte rateio:

a) 60% ao sindicato correspondente = R$ 17,76

b) 20% ao Ministério do Trabalho (FAT) = R$ 5,92

c) 15% à federação correspondente = R$ 4,44

d) 5% à confederação respectiva = R$ 1,48

Total: R$ 17,76 + R$ 5,92 + R$ 4,44 + R$ 1,48 = R$ 29,60.

Em seguida, divida R$ 17,76 por 12, o que resulta em R$ 1,48/mês. Isto mesmo, menos de R$ 1,50 (um real e cinqüenta centavos) por mês. Se o seu sindicato é ineficiente, inoperante e não trabalha por você, esse valor que ele recebe a título de sua contribuição é altíssimo.

Agora, se a resposta for inversa... E em muitos casos, comprovadamente ela é, você agora já conhece a extensão da penúria em que se encontra o seu sindicato, com tantos inadimplentes como atualmente ocorre.

Se o sindicato remeter apenas uma comunicação mensal à sua empresa, representada, por exemplo por um boletim informativo editado pela entidade, o custo por ela despendido poderá até ter sido superior ao valor da contribuição paga por você, aí considerados todos os expedientes envolvidos — desde o trabalho intelectual de elaboração desse simples informativo, sua confecção gráfica, envelope e porte postal.

E não pensem que acima do valor do capital social mínimo declarado, tomado como exemplicativo, esses NÚMEROS REAIS são muito superiores.

Uma empresa que possua capital social acima dos referidos R$ 3.699,76 a R$ 7.399,50, recolherá pela alíquota fixa de 0,85%. Projetemos uma empresa que possua capital social de R$ 7.000,00 (sete mil reais). R$ 7.000,00 x 0,8% = R$ 56,00. Ao sindicato caberá, pois, R$ 33,60. Dividido por 12 = R$ 2,80/mês.

Mais duas hipóteses, estas já envolvendo empresas de maior porte e que, em conseqüência, fogem à regra da maioria dos sindicatos detentores de maior massa de contribuintes, onde — naqueles detalhados nos exemplos anteriores — a curva de inadimplência é acentuadamente maior.

De R$ 7.399,51 a R$ 73.995,00: alíquota de 0,2% acrescida de uma parcela a adicionar de R$ 44,40. Vamos nos ater a uma que possua capital de R$ 60.000,00. R$ 60.000,00 x 0,2% = R$ 120,00 + 44,40: R$ 166,40, cabendo ao sindicato R$ 13,86.

A última exemplificação. De R$ 73.995,01 a R$ 7.399.500,00. Fiquemos numa empresa de R$ 1.000.000,00 (um milhão de reais) de capital, o que já é coisa rara. R$ 1.000.000,00 x 0,1% mais a parcela fixa de R$ 118,39. O que resulta em R$ 1.118,39 x 60% = R$ 671,03, ou R$ 55,92/ mês ao sindicato.

Indagamos: algum sindicato de expressão, atuante, trabalhador, com folha de serviços comprovadamente prestados à sua categoria econômica, já teve a CORAGEM de mostrar estes números reais aos seus representados?

Como certamente a resposta será negativa, deveria fazê-lo, até estribado em inteligente trabalho de marketing para pelo menos ajudar a desmistificar essa pecha negativa de inação, feita de forma até generalizada aos sindicatos de modo geral por contribuintes insatisfeitos é verdade e quase sempre com razão. Mas muitas vezes também sem nenhuma informação de sua entidade.

Como é cristalino constatar, os valores são até modestos para as entidades sérias, atuantes e portadoras de efetiva representatividade junto à sua coletividade, ocorrendo exatamente o inverso em relação às opostas.

É também justamente em razão desta discrepância e de outras barbaridades afins, similares e conexas que emanou a inspiração do advento deste livro, simples, direto ao assunto, sem filigranas.

Não é mais possível a continuidade dessa comédia.

Dessa verdadeira farsa em que se transformou o sindicalismo brasileiro.

E como em todas as situações análogas, os bons sempre irão pagar o mesmo tributo dos medíocres, ruins e outros de classificação ainda pior.

E quem vai consertar isto: o Estado?

Existe alguém mais capacitado para fazê-lo do que o próprio **"mercado"**?

Claro que não! Fica claro e evidenciado que são os próprios contribuintes de cada sindicato que devem estabelecer os valores consentâneos ao seu funcionamento.

Uma entidade, perante a lei, é idêntica a uma empresa. Ela só difere no aspecto de que por ser ente jurídico sem fins lucrativos, está isenta do pagamento de imposto de renda, no caso de ao final do exercício apresentar superávit.

No mais, não goza de nenhuma benesse. Tem de recolher impostos e obrigações sociais como qualquer empresa. E qual é o custo administrativo de um sindicato? Altos como os de todos os empresários deste País: instalações, folha de pagamento, encargos sociais, serviços gráficos, jurídicos, de expediente, energia elétrica, telefone, correio, etc. Idênticos, portanto, aos das empresas que ele próprio representa.

E ainda uma boa parcela de sindicalistas espera que um dia, sabe Deus lá quando, que o Governo acabe com essa atual contribuição sindical (que já muitos não pagam) mas a substitua por outra, também compulsória (e na presunção de que mudando o rótulo o contribuinte aceite a essência) e, enfim, que essa genial providência desencadeie na redenção e salvação do sindicalismo brasileiro! Quanta sandice!

E até quando será fomentada essa ingenuidade decorrente da pequena minoria dos puros, ou mal esclarecidos, ou ainda a caracterizada má-fé da maioria?

Que cada um tire suas conclusões, mas preferencialmente venha a público expo-las e contribuir de forma real e efetiva para a solução mais rápida possível desse verdadeiro *imbróglio.*

Em função do exposto, exageramos ao afirmar que o sistema sindical transformou-se numa irrefutável **MIXÓRDIA?**

CAPÍTULO VI

MUDAR É EXIGÊNCIA FUNDAMENTAL E IMEDIATA

1. O anacrônico e superado sistema vovô de Vargas

Está claro que resultará em total perda de tempo persistir nessa longa e cansativa discussão de que o Estado já deveria ter-se desatrelado de vez e por completo da vida sindical — se de fato isto lhe interessasse.

Afinal, na acepção do termo, o sindicato nada mais é do que a associação de indivíduos partícipes da mesma categoria profissional ou empresarial, reunidos para a defesa de seus gerais interesses. Portanto, respeitada as leis vigentes e a ordem pública, as partes interessadas que se compusessem dentro dos limites por elas estabelecidos, e dentro das regras jurídicas estabelecidas e ordenadas pelo Estado, mas sem nenhuma inteferência ou privilégios pecuniários (como a vergonhosa continuidade de recebimento de 20% de cada contribuição sindical paga no País).

Leiam, a seguir, mais uma realística crônica do Professor *José Pastore*, publicada em o "O Estado de S.Paulo" de 29.8.2000, página B-2, sob o título "Mudanças no modo de trabalhar" e tendo por subtítulo "Empresa piramidal, composta de diretor no topo e trabalhadores na base, está saindo de moda":

["Para onde vai o mundo do trabalho? Essa foi a questão examinada por mais de mil especialistas em Tóquio, no mês de junho, durante o '12º Congresso Mundial de Relações do Trabalho' do qual participei.

O mínimo que se pode dizer é que o mundo do trabalho passa por uma revolução sem volta. As novas tecnologias e novos métodos de produzir e vender provocaram mudanças profundas nos velhos paradigmas do emprego fixo, da proteção social e das relações do trabalho.

Vivemos em sociedades mais livres e menos segura. Mais prósperas, e menos previsíveis. Como nenhuma empresa consegue realizar de forma compensadora todas atividades das quais depende, a subcontratação de serviços virou regra básica para sobreviver e progredir. Surgiram as 'redes' de empresas e profissionais — verdadeiras constelações de trabalho interligado.

Entre os participantes dessas redes, o casamento sem prazo para acabar está sendo substituído por uma sucessão de divórcios e recasamentos. As empresas ficam apenas com o núcleo central de seu negócio e subcontratam o trabalho periférico. Aliás, há um enorme esforço para se passar o trabalho das empresas para os consumidores como é o caso dos bancos que colocam os clientes operando os caixas eletrônicos e do McDonald's que põe os fregueses limpando as mesas dos restaurantes.

Os números são impressionantes. Nas grandes empresas da União Européia (com mais de 1 mil empregados), 99% subcontratam uma ou mais atividades nas novas redes de trabalho. Mesmo nas pequenas empresas (de 1 a 50 empregados) a subcontratação atinge 68% (Roger Blanpain, 'The impact of the information society on the world of work in developed countries', 12º Congresso de Relações do Trabalho, Tóquio, 2000).

A empresa piramidal composta de um diretor no topo, gerentes e chefes no meio, e funcionários de escritório e trabalhadores manuais na base, está saindo de moda.

As relações de trabalho baseadas na subordinação de um grande número de empregados a apenas um proprietário definham. Estão desaparecendo as concentrações de empregados em que ocorriam as acaloradas confrontações entre capital e trabalho.

Com a dispersão das atividades e a contínua entrada e saída das pessoas nas redes de empresas e profissionais, as relações do trabalho ficaram mais livres, menos coletivas, mais erráticas e menos controláveis. A negociação coletiva descentraliza-se e limita-se a uma parcela cadente dos que trabalham nessas redes.

Os sindicatos perdem força ao lutar pelos empregos fixos que não existem mais. As associações de empregadores ficam isoladas diante de empresas que se dividem e subdividem, mudam de setores e buscam soluções específicas por meio de negociações individualizadas. Os sistemas de seguridade social tornam-se órfãos com a redução dos vínculos empregatícios, fonte básica de sua arrecadação.

O próprio tripartismo entrou em crise. Com a atomização crescente das empresas e dos trabalhadores, quem os representa nas negociações com os governos. Até o OIT entrou em crise por basear-se em um tripartismo que reúne minorias. Esse novo mundo exige novas leis, instituições e teorias, pois as velhas previsões estão falhando.

Na situação atual dos Estados Unidos, por exemplo, onde há baixo desemprego e alta procura por trabalho, a teoria convencional anteciparia um aumento de greves e ações sindicais. Nada disso acontece porque as velhas previsões baseavam-se na empresa verticalizada, hierarquizada e concentradora de mão-de-obra.

Hoje, tudo é diferente. A dispersão e a subcontratação é que dominam. Organizar trabalhadores dispersos em redes de produção é difícil. Mobilizá-los para uma greve, dificílimo.

O cenário de atuação dos sindicatos mudou. Muitos dirigentes sindicais continuam se esforçando para restaurar o decadente mundo do emprego fixo. Mas estão perdendo a batalha. É uma luta inglória.

Inúmeros políticos ainda apoiam essa bandeira. Seu proselitismo consegue coletar votos de quem continua sonhando com grandes quantidades de empregos fixos, mas não restaura o passado.

Os seres humanos acostumados à estabilidade do emprego fixo, em uma só empresa, onde construíam suas carreiras até se aposentarem, estão sendo desafiados a fazer uma profunda reformulação mental para poder viver num mundo onde o trabalho é realizado nos mais variados nichos, em organizações que se unem e desunem a cada momento, que seguem ventos incontroláveis e sem destino certo.

É uma daquelas mudanças que requerem gerações. Será que as próximas décadas serão suficientes para absorver tamanha revolução? Quem viver verá."]

É preciso acrescentar maiores adjetivos à essa apreciação verdadeiramente inobjetável, autêntica pintura irretocável dos dias atuais, posta de forma absoluta e cristalina, como soe acontecer com os escritos do mestre Prof. José Pastore?

Somente a prevalência de interesses corporativos justificam a visão ambígua ou propositadamente distorcida de que o sindicalismo vovô de Vargas, sob a égide e proteção do Estado, deva persistir imutável tanto no financiamento da vida sindical como na imaculada proteção do trabalho como instrumento indispensável à contratação coletiva, cada vez mais considerada como peça de museu.

O que existe hoje no mundo é trabalho, e não emprego. Ademais disto, as novas regras ditadas pela modernidade, globalização da economia, a crise de emprego no mundo, não podem ser enfrentadas pela letra fria de legislações ultrapassadas, impostas pelo paternalismo do Estado e completamente dissonantes da realidade política e econômica deste limiar de novo milênio, como são os casos — indiscutivelmente — das nossas legislações trabalhista e sindical.

E o Brasil não está localizado em Marte muito menos em Saturno ou Plutão. Pertence ao planeta Terra.

O mundo mudou, as transformações estão aí trazidas pela globalização. Este processo é comprovadamente irreversível.

Por via de conseqüência, as relações do trabalho exigem uma postura que em nada se coaduna com essa obtusa mentalidade de boa parte das lideranças sindicais brasileiras, que teimam em não evoluir.

Dessa mesma que passou a ser obrigada a formular mega eventos para atrair novos associados, com shows e prêmios em profusão, atraindo, como é natural e deliberado, gente que nada tem a haver com a categoria profissional envolvida, ávida por lazer e contemplação dos prêmios oferecidos. Como o intuito é mostrar a multidão, enganosamente esses dirigentes mostram o sorriso amarelo do objetivo conseguido. Isto é evolução?

Quantos associados angariados nessas condições permaneceram de fato e por quanto tempo no sindicato, pagando **contribuição espontânea?** Após este tipo de ilusória captação, que serviu apenas como vazio e enganoso marketing promocional.

Agora, além da manutenção desse expediente intentam igual linha para a realização de assembléias, que terão o mesmo estilo de *showmício*.

É a maior prova do esvaziamento do movimento sindical.

E é por isso que boa parte desses sindicalistas lutam desesperadamente pela continuidade desse sistema sindical, perdido no tempo e no espaço.

Já outros, inteligentemente, mudam sua estratégia de ação. Prova disso é o advento do Sindicato Nacional dos Aposentados, recentemente surgido por inspiração da Força Sindical. Além da perspectiva de uma vultosa arrecadação que lhe possibilite um bom respaldo financeiro para suas atividades, mesmo cobrando um valor simbólico de cada associado. Afinal, a massa de jubilados é estimada na casa de 19 milhões de pessoas, entre os setores da iniciativa privada e do funcionalismo público.

E pelo menos com esta "categoria" o Estado não se preocupa muito, mesmo porque aposentado não pode fazer "greve"...

Mas ela, no mínimo, tem força para influir na eleição de um presidente da República. Quanto mais em outros cargos majoritários ou proporcionais.

É o modelo de países de primeiro mundo, muito embora lá aposentadoria seja um prêmio, enquanto aqui é castigo, em função da disparidade dos benefícios cotejados entre um e outro.

2. A ausência de vontade política do Executivo e Legislativo em reverter o quadro

Retornando ao tema da discussão do fim do modelo sindical vigente. Pelo visto, trata-se de uma novela sem fim. Quem em sã consciência acreditar que a Proposta de Emenda Constitucional n. 623/98 é instrumento sério, estará segura e profundamente iludido.

No fundo, o Executivo não tem mesmo a mínima vontade política de desatrelar-se dessa tutela. Só acena com essa possibilidade.

Já o Legislativo, colcha de retalhos e autêntico espelho da sociedade brasileira em todas as suas facetas, é um verdadeiro repositório de componentes do que a nossa sociedade tem tanto de bom ao mais execráveis tipos que a integram.

Na prática é que é.

Deveria ser o reduto — o mais imaculado possível — dos representantes do povo, já que sob este título e representação decorrente, foram eleitos.

Em verdade tornou-se mais um recinto aglutinador de politiqueiros fisiológicos muito mais preocupados com seus interesses pessoais e dos grupos que representam, do que com o exercício da representação popular em defesa dos reais interesses públicos, o que — fosse efetivamente feito — corresponderia aos anseios do povo, e por extensão, de seus eleitores.

Mais um breve hiato para simples, porém cabal exemplo do comportamento do legislador brasileiro.

A atual Constituição da República Federativa do Brasil, foi memoravelmente promulgada em 5 de outubro de 1988 como uma verdadeira panacéia que nos livraria se não de todos, pelo menos de muitos males. Endêmicos e sistêmicos.

Por simples exemplo, destacamos o item que foi objeto até de observações jocosas, relativo à regulação das taxas de juros, conforme os constituintes fizeram consignar na Carta Magna, em seu artigo 192, inciso VIII, parágrafo 3º (Capítulo IV — DO SISTEMA FINANCEIRO NACIONAL) estabelecendo com todas as letras: "As taxas de juros reais, nela incluídas comissões e quaisquer outras remunerações direta ou indiretamente referidas à concessão de crédito, **não poderão ser superiores a doze por cento ao ano; a cobrança acima deste limite será conceituada como crime de usura, punido, em todas as suas modalidades, nos termos que a lei determinar**".

E para que se possa aferir com muito mais propriedade e profundidade, mas com absoluta imparcialidade e total isenção de ânimo o que a Constituição representa nos dias atuais, basta ler e ater-se ao artigo do jornalista *Carlos Chagas*, publicado no jornal da Ordem dos Advogados no Brasil (OAB) Nacional, edição n. 66, de outubro de 1998, sob o título "Constituição Brasileira, dez anos depois, uma simples folha de papel":

["Na tarde daquele 5 de outubro de 1988 o Brasil parecia ter se livrado de todos os seus problemas e mazelas. Se alguém no lotado plenário da Assembléia Nacional Constituinte gritasse 'Ulysses para Imperador' ou 'Ulysses para Rei', o venerado presidente estaria imediatamente ungido e aclamado.

Encarnava não apenas a vitória final do País sobre a ditadura e a exceção, mas as esperanças do País inteiro em que, finalmente, haviam passado os tempos bicudos e de sufoco nacional. A nova Constituição redimiria décadas e até séculos de injustiças, privilégios e misérias.

Entrava em vigor, promulgada, não outorgada como muitas anteriores, a Constituição-Coragem, a Constituição-Cidadã, a Constituição do mocambo, do arrebalde e da favela.

A Carta resgataria a dignidade dos brasileiros porque, segundo Ulysses Guimarães, 'nascia do parto de profunda crise que tinha abalado as instituições e convulsionado a sociedade'.

Num discurso magistral, seguindo-se a outro monumental do senador Afonso Arinos, o antigo chefe das oposições nacionais diria também da grande inovação contida na nova Constituição: dividir competências para vencer dificuldades, porque contra a ingovernabilidade concentrada em um, possibilitaria a governabilidade de muitos. Um texto, para ele, que 'andou, imaginou, ousou, ouviu, viu, destroçou e tomou partido dos que só se salvam pela Lei'. E ainda vaticinou: 'A Constituição durará com a democracia e só com a democracia sobrevivem para o povo a dignidade, a liberdade e a Justiça'.

Hoje, passados dez anos, a Constituição transmudou-se na Geni dos versos de Chico Buarque, aquela em que se jogava tudo, de pedras à matéria orgânica.

Vem sendo apresentada pelas elites econômicas e políticas como a culpada de todos os males, responsável pelo 'custo Brasil', pelos encargos sociais que emperram as empresas e as exportações, pela grande soma de poderes dados ao Congresso e até por impedir a livre competição característica dos tempos da globalização. Acusaram-na de obstar o desenvolvimento ao garantir proteção ao meio ambiente, de favorecer os povos indígenas, de ter sobrecarregado o capital com impostos e taxas abusivas e até opor a igualdade à liberdade.

Sinal dos tempos, prevalência da lei do mais forte, reinado absoluto das elites — tanto faz os motivos dessa mudança de 180 graus na imagem e no conceito da Constituição, aliás, uma evidência a mais do engessamento de todos nós nesse cruel modelo econômico, onde o lucro se sobrepõe a qualquer outro valor da civilização e da cultura.

Durou pouco a lua-de-mel do Brasil com a sua Constituição. O primeiro a atirar pedras sobre ela foi o primeiro a jurá-la, o então presidente José Sarney, que a acusou de tornar o País ingovernável. Uma de suas críticas foi a de que o texto estava preparado para a adoção do sistema parlamentar de Governo, apenas substituído pelo presidencialismo, mas contendo as demais amarras e salvaguardas inerentes ao parlamentarismo.

A partir de Dom Fernando I, até Dom Fernando II, a Constituição sofreu ataques que, se não especulativos, revelaram-se ataques elitistas. Boa parte dos direitos sociais estabelecidos ainda no primeiro Governo Vargas, nas décadas de 30 e 40, viu-se suprimida por sucessivas emendas constitucionais. Fernando Collor, como presidente, foi o primeiro a propor alterações de vulto, sendo que Fernando Henrique Cardoso, em nome das chamadas reformas, ainda se dedica à tarefa de demolir as garantias do trabalho diante do capital. O direito dos pobres diante dos ricos.

Desvincularam-se as aposentadorias do salário mínimo, extinguiu-se a aposentadoria por tempo de serviço, castrou-se a estabilidade do funcionalismo público, minimizou-se o salário-família. Retiraram-se prerrogativas financeiras dos Estados e Municípios. Quebrou-se o monopólio estatal do petróleo, do gás canalizado, da navegação de cabotagem, das telecomunicações e da mineração, ao tempo em que as empresas estrangeiras passaram a ter o mesmo tratamento das empresas nacionais.

A criação de um Fundo Social de Emergência retirou ainda maiores recursos dos Estados e Municípios, um novo imposto sobre transações financeiras gravou o uso do cheque, levantando-se também os impostos sobre ganhos de capital. Foram para o espaço as limitações de remessa de lucros para estrangeiro.

Escancaram-se as portas do Brasil ao capital especulativo, aquele capital-motel que chega de tarde, passa a noite e vai embora de manhã, depois de ter estuprado a nossa economia.

A grande alteração política da Constituição não deixou, também, de beneficiar grupos e até pessoas. Os mandatos presidenciais foram reduzidos de cinco para quatro anos, numa primeira etapa, adotando-se, na segunda, o princípio da reeleição para Presidente da República, governador e prefeito. Com a aberração de valer a sua aplicação para beneficiar quantos já estivessem no exercício de seus mandatos. E sem necessidade de licença ou desincompatibilização.

Pudesse o Dr. Ulysses retornar das profundezas do mar onde se perdeu e certamente vestiria outra vez a armadura da resistência para enfrentar a globalização, da mesma forma como enfrentara a ditadura. Não admitiria ver o Congresso Nacional, em nome das reformas constitucionais, suprimindo direitos sociais e favorecendo a especulação internacional, muito menos promovendo a privatização de empresas públicas diretamente ligadas à soberania nacional.

Não ficaria calado diante do desmonte e da desfiguração que se promove na Constituição transformada em ré nesse espaço de dez anos.

Até porque, perto de 100 artigos do texto original nem sequer foram regulamentados, a começar pelo que estabelece taxação sobre grandes fortunas, proíbe oligopólios nas telecomunicações e prevê a defesa do cidadão e da família contra os excessos da programação do rádio e da TV.

Já dizia o autor hoje muito pouco citado no planeta, o estadista Mao Tse-tung, que uma folha de papel aceita qualquer coisa, desde que se tenha um lápis: da poesia mais bonita à mais ampla bobagem.

E é nisso que a especulação, a ganância e os privilégios estão transformando a Constituição-Cidadã: numa simples folha de papel."]

Mas enfim, só resta parafrasear *Victor Marrei Hugo* (1802-1885), autor, dentre outros, do lendário e épico "Os Miseráveis", que muitos intelectuais deste País — especialmente alguns dos mais proeminentes socialistas — deveriam reler, em seu feliz axioma: "Uma sociedade de carneiros acaba por gerar um governo de lobos".

3. A insatisfação grassa entre os contribuintes enquanto o desalento toma conta dos dirigentes das entidades

Dessa forma, não será ante esse desalentador contexto que o sindicalista sério, atuante, dedicado, profundamente profissional, encontrará espaço ideal para propor avanços.

Mas terá de fazê-lo, sim, custe o que custar.

O discurso do Governo, sempre desacompanhado da prática, e o comportamento do Congresso sempre ao sabor dos interesses que nem necessariamente são os idênticos postulados pelos interesses maiores do País, irão persistir ao que tudo indica *ad eternum*.

E nem se fale daqueles para os quais o sindicalismo virou uma verdadeira reserva de mercado que, naturalmente, continuarão cada vez mais ativos e histriônicos na preservação dos seus interesses.

Por tudo isso, não é sem razão que a cada dia que passa os próprios contribuintes dos sindicatos acreditam menos nas suas entidades.

É preciso, pois, coragem e hercúlea ação para romper essas amarras.

Chegou a hora e vez das personalidades sérias, honradas e verdadeiramente representativas do sindicalismo nacional, especialmente os seus mais autênticos, legítimos e gabaritados formadores de opinião, descerem de seus cômodos postos de observação e sem mais procrastinações penetrarem na arena do combate, assumindo verdadeiramente seu papel de destemidos vanguardeiros e guardiões em defesa do sindicalismo sem vícios, moderno, sem tutelas, isento do corporativismo pegajoso, imune de contribuições impositivas que continuem financiando a incompetência, o comodismo e a ociosidade de muitos, além das ardilezas de outros tantos.

Isto é o que se impõe fazer, imediatamente, antes que ele exale seus suspiros finais.

Esta será uma necessária terceira via a se contrapor contra a primeira, do Estado imobilista, parasitário e casuísta; e a segunda, formada pelos eternos usucapientes desse sistema caranchoso, do qual querem sua perpetuação que lhes preservem pretensos direitos e vantagens, ainda que estes sejam frontalmente nocivos à instituição sindical como um todo, que reclama por uma defecção dessa verdadeira banda podre. Após essa assepsia, urge direcionar seu novo rumo, convergindo-o na caminhada do Brasil emergente em busca do seu grande destino.

Novamente, dirão os céticos, estamos exagerando. Pois muito bem: encomendem, ou façam vocês mesmos — desde que com competência e seriedade — uma pesquisa de opinião nos seus próprios sindicatos e constatem os seus resultados.

E se quiserem, aproveitem para ampliá-la. Estendam essa auscultação ao universo de toda a sociedade. Não tenham dúvidas que o resultado será ainda mais funesto.

Diante disso tudo, sobrevém alguma dúvida que o modelo operativo dos sindicatos, se não faliu por completo está à beira disso, já no último estágio da concordata preventiva?

Uma das coisas que o dirigente sindical, especialmente o patronal, reclama é de que o setor representado mostra-se sempre arredio, não obstante o trabalho desenvolvido por sua entidade. Alguns, chegam a queixar-se que nem as publicações dirigidas (boletins, jornais ou revistas mantidas pelo sindicato e remetidas aos representados, e que, afinal, contendo matérias informativas e opinativas de presumível ou até de indispensável interesse do setor) são sequer lidas.

Ora, isso não chega mais, ser surpreendente, ao contrário, representa cabalmente o reflexo da incredulidade e da falta de interesse do contribuinte em sua entidade de classe, à qual nos referimos e detalhamos em páginas anteriores..

Isso se vence, sabe como?

Fazendo e não **proclamando** o que se pretende edificar em benefício dos sindicalizados. Que contemplem e tragam frutos comuns a todos os seus integrantes.

Com **efetiva ação**, não com a marca registrada dos nossos governantes, especialmente os dos últimos tempos, que primam pela **falação seguida da inação** em todos os níveis: federal, estadual e municipal. Retórica é com eles mesmos. Prática? Ah bom, isso fica para depois. Se não der para fazer o prometido, procrastina-se, empurra-se com a barriga...

Não é mais o contribuinte que deve chegar espontaneamente ao sindicatos. Isso era no passado, na presunção da existência de um trabalho concatenado e direcionado para esse lado, que fizesse aquele ainda não associado a adentrar para o quadro social do sindicato, principalmente por sentimento de emulação.

Hoje, a realidade é outra. A coisa mudou. Dá-se justamente o inverso, queiram ou não aqueles que dormiram sob o berço nada esplêndido do imobilismo e da inação. Não é mais o contribuinte que necessita tanto do sindicato.

É o sindicato, em primeiro lugar e mais do que nunca, que precisa do contribuinte. Antes ele pagava sua contribuição obrigatória e recebesse ou não algum trabalho por isso a situação morria aí.

Nos dias atuais é o contrário. É o dirigente que precisa ir atrás do contribuinte, pedir a ele que pague a sua contribuição mediante retorno em ação do sindicato.

Fácil inferir que dentro desse processo de mudanças, falta o dirigente fazer a sua parte, alterando uma postura de 60 anos.

O contribuinte já fez a dele, deixando de pagar, alguns momentaneamente, outros em definitivo, ou por razões conjunturais (como tal, reversíveis) ou por insatisfação crônica, de reversão mais delicada.

Conclusão: é hora e vez do mais reticente ao teimoso dirigente descer do seu igualmente corroído pedestal (até porque a tendência dele é a de desabar a qualquer momento, mais cedo ou mais tarde, não importa) fazer sua **mea-culpa**, e passar a agir não mais de acordo com o programa de ações capitulado por ele e seus demais pares diretivos, e sim pelas **reais e verdadeiras necessidades da coletividade,** que nem sempre integram os projetos dessas entidades.

Já o dissemos e vamos repetir isso à exaustão, desafiando àqueles que consigam convencer-nos do contrário, com base em argumentos tão ou mais persuasivos que os por nós manifestados sem rebuços, como, por exemplo, a definição contida nos parágrafos que seguem.

Este modelo sessentão, deteriorado e até apodrecido por vícios e esquemas de tal ordem e monta, ensejou o surgimento de uma verdadeira escola onde se professava abertamente, às escâncaras, que ao dirigente sindical bastava vicejar sobre a sombra e o cômodo manto do gentil paternalismo propiciado pelo Estado (que imperialmente tudo pode e tudo faz!) vivendo exclusivamente às custas de receitas compulsórias e impositivas, que, segundo ainda era voz corrente entre os que assim procediam, jamais iriam acabar. E se acabassem, seriam substituídas por outras, igualmente obrigatórias.

Para essa parcela de sindicalistas (que não é pequena), o mais difícil é ter de vergar-se à dura e até tétrica realidade dos dias atuais, mas que para eles até há algum tempo era absolutamente incogitável: esses recursos acabaram-se.

E de vez. Minguarão progressivamente, na mesma proporção da atuação de suas entidades.

A partir de agora, vivendo em novas regras, ainda que somente de **fato**, e não mais ditadas pelo Estado ou pelos chamados **"donos"** do sindicalismo, mas por seus partícipes, ou seja, pelo **mercado**.

Assim, a **única** saída é o retorno do associativismo.

4. O associativismo como fórmula redentora. As entidades sindicais de hoje foram associações no passado

Findou o sindicato dirigido de dentro para fora. Esta nova era associativista que na verdade está renascendo, exige a diametral inversão do processo dominante nas últimas seis décadas. Quem passa a comandar o sindicato é a sua Assembléia Geral. Ou seja, a vontade expressada pela **maioria** e não mais, como geralmente ocorria, pela **minoria**. Ao presidente e demais membros diretivos de cada sindicato competirá o papel de condutores da política de ação e das principais diretrizes da entidade. E não mais os de "donos" da entidade, como o que comumente ocorria.

Conforme já foi expresso neste livro, essa conclusão pode ser tão extremamente forte como chocante, porém ela é absoluta e verdadeiramente incontestável.

E novamente dirigida aos adeptos do ceticismo, aos eternos intolerantes das mudanças ditadas pela evolução e modernidade dos tempos hodiernos, que recalcitram em afirmar que os sindicatos não conseguirão viver sem que seja preservada a injunção do dinheiro fácil, proveniente das contribuições compulsórias e impositivas, cabe lembrá-los dos tempos que precederam a fase sindical de suas entidades.

Para ir direto ao assunto, sem desnecessários rodeios: lembram-se como os sindicatos eram constituídos?

Outrora, antes de se tornar sindicato, havia a obrigatoriedade do estágio da associação profissional. Somente após o cumprimento desse período o Estado outorgava a carta sindical, que a transformava em sindicato.

Isso era explicitado nas prescrições estabelecidas na Consolidação das Leis do Trabalho, no Título V — Da Organização Sindical, Capítulo I — Da Instituição Sindical — Seção I — Da Associação em Sindicato, dos artigos 511 ao 520, além do importante artigo 558 e seus correspondentes parágrafos, e finalmente, do art. 559, que convém serem reproduzidas e lembradas, antes de prosseguirmos na continuidade do nosso raciocínio:

"Art. 511. É lícita a associação para fins de estudo, defesa e coordenação dos seus interesses econômicos ou profissionais de todos o que, como empregadores, empregados, agentes ou trabalhadores autônomos, ou profissionais liberais, exerçam, respectivamente, a mesma atividade ou profissão ou profissões similares ou conexas.

Parágrafo 1º A solidariedade de interesses econômicos dos que empreendem atividades idênticas, similares ou conexas constitui o vínculo social básico que se denomina categoria econômica.

Parágrafo 2º A similitude de condições de vida oriunda da profissão ou trabalho em comum, em situação de emprego na mesma atividade econômica ou em atividades econômicas similares ou conexas, compõe a expressão social elementar compreendida como categoria profissional.

Parágrafo 3º Categoria profissional diferenciada é a que se forma dos empregados que exerçam profissionais ou funções diferenciadas por força do estatuto profissional especial ou em conseqüência de condições de vida singulares.

Parágrafo 4º Os limites de identidade, similaridade ou conexidade fixam as dimensões dentro das quais a categoria econômica ou profissional é homogênea e a associação é natural.

Art. 512. Somente as associações profissionais constituídas para os fins e na forma do artigo anterior e registradas de acordo com o artigo 558, poderão ser reconhecidas como Sindicatos e investidas nas prerrogativas definidas nesta Lei.

Art. 513. São prerrogativas dos Sindicatos:

a) representar, perante as autoridades administrativas e judiciárias, os interesses gerais da respectiva categoria ou profissão liberal ou os interesses individuais dos associados relativos à atividade ou profissão exercida;

b) celebrar convenções coletivas de trabalho;

c) eleger ou designar os representantes da respectiva categoria ou profissão liberal;

d) colaborar com o Estado, como órgãos técnicos e consultivos, no estudo e solução dos problemas que se relacionam com a respectiva categoria ou profissão liberal;

e) impor contribuições a todos aqueles que participam das categorias econômicas ou profissionais ou das profissões liberais representadas;

Parágrafo único: Os Sindicatos de empregados terão, outrossim, a prerrogativa de fundar e manter agências de colocação.

Art. 514. São deveres dos Sindicatos:

a) colaborar com os poderes públicos no desenvolvimento da solidariedade social;

b) manter serviços de assistência judiciária para os associados;

c) promover a conciliação nos dissídios de trabalho;

d) sempre que possível, e de acordo com as suas possibilidades, manter no seu Quadro de Pessoal, em convênio com entidades assistenciais ou por conta própria, um assistente social com as atribuições específicas para promover a cooperação operacional na empresa e na integração profissional na Classe.

Parágrafo único: Os Sindicatos de empregados terão, outrossim, o dever de:

a) promover a fundação de cooperativas de consumo e de crédito;

b) fundar e manter escolas de alfabetização e pré-vocacionais.

Seção II
Do Reconhecimento e Investidura Sindical

Art. 515. As associações profissionais deverão satisfazer os seguintes requisitos para serem reconhecidas como Sindicatos;

a) reunião de 1/3 (um terço), no mínimo, de empresas legalmente constituídas, sob a forma individual ou de sociedade, se tratar-se de associação de empregadores; ou de 1/3 (um terço) dos que integram a mesma categoria ou exerçam a mesma profissão liberal, se tratar-se de associação de empregados ou de trabalhadores ou agentes autônomos ou de profissão liberal;

b) duração de 3 (três) anos para o mandato da diretoria;

c) exercício do cargo de Presidente e dos demais cargos de administração e representação por brasileiros.

Parágrafo único: O Ministro do Trabalho poderá, excepcionalmente, reconhecer como Sindicato a associação cujo número de associados seja inferior ao terço a que se refere a alínea *a*.

Art. 516. Não será reconhecido mais de um Sindicato representativo da mesma base econômica ou profissional, ou profissão liberal, em uma dada base territorial.

Art. 517. Os Sindicatos poderão ser distritais, municipais, intermunicipais, estaduais e interestaduais. Excepcionalmente, e atendendo às peculiaridades de determinadas categorias ou profissões, o Ministro do Trabalho poderá autorizar o reconhecimento de Sindicatos nacionais.

Parágrafo 1º O Ministro do Trabalho outorgará e delimitará a base territorial do Sindicato.

Parágrafo 2º Dentro da base territorial que lhe for determinada é facultado ao Sindicato instituir delegacias ou seções para melhor proteção dos associados e da categoria econômica ou profissional ou profissão liberal representada.

Art. 518. O pedido de reconhecimento será dirigido ao Ministro do Trabalho, instruído com exemplar ou cópia autenticada dos estatutos da associação.

Parágrafo 1º Os Estatutos deverão conter:

a) a denominação e a sede da associação;

b) a categoria econômica ou profissional ou a profissão liberal cuja representação é requerida;

c) a afirmação de que a associação agirá como órgão de colaboração com os poderes públicos e as demais associações no sentido da solidariedade social e da subordinação dos interesses econômicos ou profissionais ao interesse nacional;

d) ás atribuições, o processo eleitoral e das votações, o casos de perda de mandato e de substituição dos administradores;

e) o modo de constituição e administração do patrimônio social e o destino que lhe será dado no caso de dissolução;

f) as condições em que se dissolverá a associação.

Parágrafo 2º O processo de reconhecimento será regulado em instruções baixadas pelo Ministro do Trabalho.

Art. 519. A investidura sindical será conferida sempre à associação profissional mais representativa, a juízo do Ministro do Trabalho, constituindo elementos para essa apreciação, entre outros:

a) o número de associados;

b) os serviços sociais fundados e mantidos;

c) o valor do patrimônio.

Art. 520. Reconhecida como sindicato a associação profissional, ser-lhe-á expedida carta de reconhecimento, assinada pelo Ministro do Trabalho, na qual será especificada a representação econômica ou profissional, conferida e mencionada a base territorial outorgada.

Parágrafo único: O reconhecimento investe a associação nas prerrogativas do artigo 513 e a obriga aos deveres do art. 514, cujo inadimplemento a sujeitará às sanções desta Lei.

(...) Art. 558. São obrigadas ao registro todas as associações profissionais constituídas por atividades ou profissões idênticas, similares ou conexas, de acordo com o art. 511 e na conformidade do Quadro de Atividades e Profissões a que alude o Capítulo II deste Título. As associações profissionais registradas nos termos deste artigo poderão representar, perante as autoridades administrativas e judiciárias, os interesses individuais dos associados relativos à sua atividade ou profissão, sendo-lhes também extensivas as prerrogativas contidas na alínea d e no parágrafo único do art. 513.

Parágrafo 1º O registro a que se refere o presente artigo competirá às Delegacias Regionais do Ministério do Trabalho ou às repartições autorizadas em virtude da lei.

Parágrafo 2º O registro das associações far-se-á mediante requerimento, acompanhado da cópia autêntica dos estatutos e da declaração do número de associados, do patrimônio e dos serviços sociais organizados.

Parágrafo 3º As alterações dos estatutos das associações profissionais não entrarão em vigor sem aprovação da autoridade que houver concedido o respectivo registro.

Art. 559. O Presidente da República, excepcionalmente e mediante proposta do Ministério do Trabalho, fundada em razões de utilidade pública, poderá conceder, por decreto, às associações civis constituídas para a defesa e coordenação de interesses econômicos e profissionais e não obrigadas ao registro previsto no artigo anterior, a prerrogativa da alínea d do art. 513 deste Capítulo."

5. O dirigente sindical refratário a mudanças que não podem mais ser procrastinadas

Como se constata, é a volta aos primórdios. Participavam da Associação e pagavam uma contribuição os que nela acreditavam. Não existia nenhuma contribuição compulsória. Ou as diretorias dessas agremiações civis trabalhavam em favor da categoria, ou não havia número suficiente de associados para a geração dos recursos indispensáveis ao seu pleno desenvolvimento.

Igualmente é válida a tese de que as associações transformaram-se em sindicatos para obtenção de mais recursos, e é claro, robustecidas econômica e financeiramente, possuir melhores condições de ampliar sensivelmente sua linha de ação e de serviços aos seus representados. Em verdade, isto não passa de autêntico círculo vicioso: não tendo maiores recursos não amplia novas ações e conquistas, e não tendo poder de novas ações e conquistas não capta maiores recursos.

Mas como bem frisamos no capítulo anterior, os sindicatos efetivamente atuantes, representativos, que trabalham afinados com as aspirações e os interesses dos seus representados, algum dia mostraram aos seus associados e contribuintes o que representa o valor de uma contribuição sindical. Eles sabem disso? Tem a necessária e indispensável consciência do fato?

Ou isso não foi mostrado por comodismo do dirigente sindical, que encarava essa *débâcle* no aporte de recursos impositivos e compulsórios como um fenômeno circunstancial, e como tal, passageiro? Ou teria sido por um antecipado pessimismo do dirigente sindical de que o contribuinte ou associado na verdade pouco se importa com a vida da sua entidade, e, conseqüentemente, não se sensibilizaria?

Se ocorreu esta última hipótese, convém lembrar que esse sentimento se explica tão-somente no subjetivismo, que nada mais é do que a teoria que nega valor objetivo à distinção entre o verdadeiro e o falso. Não é crível partir-se de pressupostos imaginários, mas sim mensurar resultados obtidos de fatos consumados.

Podem ter convicção plena como regra (e sempre com a exclusão das óbvias exceções) que neste tipo de entidade (as efetivamente atuantes) não haverá nunca problemas de caixa, desde que o sindicato persista em sua linha desenvolvimentista de conduta e sempre com transparência diretiva, operativa e financeira.

O que ocorrerá, inevitavelmente, será o advento de uma lacuna nesse processo de transição, o que é fator previsível e absolutamente normal em todo rompimento de um processo e a adoção de outra fórmula alternativa.

É justamente esse intervalo que costuma ser dolorido, principalmente num processo traumático decorrente dessa ruptura em tela. Com efeito, admitimos não ser fácil administrar um pós-sistema sessentão, que abarrotava os cofres sindicais. Mas, aos capazes e determinados, também não será empreitada que não se possa superar, principalmente com estoicismo, e fibra inquebrantável.

Lembram-se dos números do Prof. *José Pastore*, em seu irretocável comentário "Reengenharia Sindical": **"Pela lei, os sindicatos recebem uma parte da contribuição sindical compulsória (imposto sindical) que é um dia de trabalho por ano de todos os** trabalhadores que estão no mercado formal. Ou seja, os sindicatos brasileiros têm 11 milhões de filiados e 35 milhões de contribuintes".

Tentem contabilizar essas cifras, mesmo com a descomunal e ascendente inadimplência em curso.

Mas voltando, ainda que rápido e meio de soslaio ao ponto crucial: o problema não é mais de direito. É de fato. E de fato consumado.

A questão fundamental nem é mais de definição jurídica: não pagou está sujeito às penas da lei.

Onde está o eficiente instrumento de aplicação da punição pelo Estado? Como será exigida essa exação de um mercado que já ignorou as regras jurídicas, que só existem na letra quase morta da lei que passou simplesmente a ser ignorada?

Não se iludam neste aspecto. Ele, Estado, vai sempre ficar na periferia dos problemas, resolvendo só a parte que lhe interessa. No caso, a preservação da contribuição sindical continua sendo boa pelo Estado.

No discurso, o sistema possui vícios que precisam ser eliminados. Na prática, o resultante desses "vícios" são bons para o saco sem fundo do Tesouro.

Se no tempo das vacas gordas, época em que o montante da parte que lhe competia na arrecadação da contribuição sindical, era até superior às suas necessidades orçamentárias, muito embora a estrutura do Ministério do Trabalho já fosse deficiente (e continua a mesma) imaginem agora, nos dias atuais?

Ademais disso, queiram ou não, é forçoso destacar-se o lado moral: embora o objetivo final tivesse sido o formal desatrelamento do Estado da vida sindical, isto também não sucedeu: ele continua partícipe do rateio da contribuição sindical e de certa forma responsável pelo registro dos novos sindicatos.

Esta não é uma crítica vazia, impatriótica, nem tem o condão de diminuir ou depreciar a instituição do Estado, e de seus representantes.

Ela é com todos os títulos absolutamente realista, especialmente num ponto básico e fundamental: nem o Estado, os sindicatos, ou qualquer agente envolvido no processo pode mais garantir a exação das contribuições ditas compulsórias e obrigatórias, frontalmente rejeitadas pelo mercado, formado pelos milhões de contribuintes dos sindicatos.

E pelo menos a nós nos parece, salvo novo, persuasivo e totalmente convincente melhor juízo, que este quadro é inteiramente irremovível.

Se quiserem aplacar esse panorama profundamente realístico, pode-se, no máximo afirmar que tudo contribuiu para que chegássemos, hoje, à situação de que ao contribuinte é dada a opção de não pagar, o que não creio vá mudar o conteúdo, embora possa até ensejar um rótulo mais *ligth*.

A chamada reversão de expectativa para a solução do problema não está mais na punição. Está no conserto, na definitiva correção do problema. Isto compete aos sindicatos e não ao Estado.

O Estado, ainda que de direito possua o instrumento legal, de fato não tem mais credibilidade junto aos contribuintes dos sindicatos para exigir que eles não só recolham as contribuições sindicais atrasadas, como também e doravante efetuem seu correto e pontual recolhimento.

Isso será feito (e em valores até maiores dos que os estabelecidos pelo Estado) pelo princípio universal da relação custo/benefício. Mas não mais de forma obrigatória, inclusive com a retenção pelo Estado de uma parcela dessa contribuição, seja lá para a destinação mais nobre que for.

O Estado não pode mais ficar somente nos discursos de que o sistema precisa mudar porque tem confessados **vícios**, como está lá formalmente na Proposta de Emenda Constitucional n. 623/98, assinada por seu representante oficial, o ex-ministro do Trabalho, *Edward Amadeo*, que textualmente explicitou no item 7 de sua Exposição de motivos: "Todavia, há vícios fundamentais que se mantêm, como a unicidade sindical obrigatória, a estrutura piramidal formada por confederações, federações e sindicatos, todos com exclusividade de representação na base territorial".

Por todas essas razões, e enquanto não ocorrer uma imprescindível reversão de expectativa por parte dos sindicatos, a questão tornar-se-á ainda mais delicada.

E por incrível que ainda possa parecer, existem sindicalistas clamando por providências do Ministério do Trabalho para agir como outrora na cobrança das contribuições impagas, cada dia mais volumosas, sob a alegação de que a contribuição sindical é equiparada a um tributo federal (em razão de que uma parcela do seu valor é destinada ao Estado).

Isso é para rir ou chorar?

Diante dessa situação irreversível, e por todos os argumentos já substanciosamente elencados, fica claro que é chegado o momento de traçar uma nova estratégia de ação para o desenvolvimento operacional das entidades, que, como igualmente ficou claro, necessitam de uma igual e indispensável reengenharia diretiva.

O dirigente sindical costuma receber com indisfarçável reserva e por vezes com incontida aversão, a crítica de que precisa reformular sua linha de ação diretiva. Com freqüência ele justifica que a política de ação utilizada está sempre voltada para os interesses do setor. Se for começar a ouvir suas bases, as opiniões serão desencontradas e nunca haverá unanimidade. Ademais disso, jacta-se — e reconhecidamente até com certa razão — que ele como membro integrante da categoria que é, sabe distinguir com clareza o que é bom ou não para a classe.

Nem tanto ao mar ou à terra. Em primeiro lugar, não nos esqueçamos que o sistema vigente propicia a perpetuidade do poder.

Existem sindicatos que possuem o mesmo presidente, os mesmos principais diretores há duas, três ou até mesmo quatro ou mais décadas. Isso ocorre tanto em sindicatos de trabalhadores como nos patronais.

Ora, não é preciso avivar aqui aquilo que é consensual e absolutamente inegável: o poder seduz e fascina. E após tanto tempo à frente de sua entidade, será que o dirigente não terá perdido um pouco de sua excelente acuidade de outrora, que lhe permitia vislumbrar os problemas do setor com uma irretocável agudeza de percepção e que hoje já não é tão profundamente nítida como no passado, e que, pelo menos na atualidade, possa suscitar contraposições?

Afinal, nem sempre se tem uma mesma visão perceptiva de algo comum a uma categoria, àquele que — muito embora não tendo deixado de pertencer ao meio —, por razões circunstanciais dele não tem mais a presença cotidiana ou mesmo até diuturna, dado ao distanciamento de seu gabinete ao centro dos acontecimentos, como a de um seu companheiro que vive e respira essa participação mais intensa. Enfim, "viver" os problemas no cotidiano não é o mesmo do que "senti-los" à distância, ainda que dispondo até de um eficiente manancial de informações.

Ademais disso, não nos esqueçamos que quem tem a responsabilidade de dirigir uma categoria, seja ela patronal ou profissional, geralmente tem sempre uma visão eminente centralista, muitas vezes não voltadas aos detalhes, às minúcias, cuja somatória por vezes podem até alterar a visão do conjunto.

Não resta dúvida de que em toda coletividade é muito difícil conseguir-se a unanimidade. As opiniões geralmente são díspares, e, em determinadas situações, até extremamente desencontradas. Mas o que vale é detectar e aferir as tendências de opinião, tendo-se o bom senso de adotar-se aquelas que são legítimas, factíveis e, por via de conseqüência, proveitosas, oportunas e que tragam frutos comuns à categoria.

Uma coisa tem de ficar bem clara: ao dirigente não é mais lícito e permitido a exclusividade da prerrogativa que ele próprio delegou a si, de que a ele dirigente e somente a ele compete gerir os destinos de sua categoria, ao seu livre arbítrio e talante e sem que os seus representados sejam convenientemente ouvidos ou ainda o que é muito pior: não obstante eventual e circunstancial consulta feitas à coletividade, as diretrizes que acabam sendo adotadas geralmente são as emanadas pela cúpula diretiva, e que nem sempre são aquelas reclamadas pela maioria.

Essa sublimação em oposto às recebidas de membros da coletividade e que, em função disso, passam a figurar como meras peças acessórias ou subjacentes, causam desalento e descrença no corpo associativo. Em conseqüência, advém o afastamento. Isso não é fator de soma, de agregação. É simplesmente sua antítese.

E, como não deixar de ser, essa é uma das reclamações mais proclamadas por muitos contribuintes dos sindicatos insatisfeitos com os rumos de sua entidade. Por mais competente e atualizado que o dirigente sindical possa ser, quando se encastela no poder só passa a reconhecer os valores que ele próprio se auto-atribui. Estes é que são os perfeitos e incontestáveis. Os demais, oriundos da coletividade serão sempre discutíveis, por mais meritórios que venham até ser reconhecidos.

Um dos fenômenos que mais se constata nos sindicatos, principalmente os patronais, é o da visão diretiva propositalmente futurista, ou seja, ela geralmente é centrada em macroprojetos, cuja consecução é de longo alcance, por vezes até demasiadamente longínquo e por vezes inatingíveis, que acabam ficando pelo meio do caminho, além de caros aos cofres do sindicato, em detrimento de microprojetos muito mais factíveis, de fácil alcance, baratos e que contemplariam um número apreciável de partícipes da categoria.

A imagem comparativa é absolutamente semelhante daquele que precisa de um bom prato com o trivial: arroz, feijão, um bom bife e batatas fritas. Em contraposição lhe é oferecido um amplo e requintado cardápio, onde até caviar e excelente vinho francês será servido. Só que não hoje, nem com certeza amanhã. Um dia, talvez...

Enquanto isso o comensal, no caso o contribuinte, além de digerir a conta do aprimorado prato que nunca será servido, permanece na inanição, pois nem mesmo o "sortido" costuma ser-lhe provido.

Mas na hora de pedir dinheiro para as contribuições e voto para sustentá-lo no poder, aí, sem dúvida alguma, ele não se esquece — de jeito nenhum — dos "deserdados", daqueles que formam os "arquibaldos" e os "geraldinos" do sindicato, enquanto a casta está refestelada nas aconchegantes tribunas da entidade...

Mas, enfim, é a velha e amplamente conhecida prática, tão a gosto do dirigente sindical auto-suficiente, que, a exemplo do político partidário, só se lembra da sua categoria em duas ocasiões: na hora de pedir aos contribuintes pagarem as contribuições e, naturalmente, no momento de solicitar que votem nele.

Nas proximidades dos pleitos eleitorais, a desculpa é invariavelmente a mesma, atribuindo às bases sua reiterada e infinda candidatura a novas reeleições, quando, em verdade, ele é candidato dele mesmo e de seus demais companheiros de diretoria, sempre os mesmos.

Existem entidades sindicais que, descaradamente, nem mais se dão ao trabalho de renovar um terço dos membros diretivos (ou o indicado em seu estatuto social) por ocasião das eleições. Para que esse trabalho? Afinal, não há nem adversários. Por vezes até inexiste votação. Vai por aclamação mesmo...

Quanto ao *quorum* dessas eleições, evidentemente que itinerante é o livro de presença, não a urna...

E são exatamente estes os que choram verdadeiras lágrimas de sangue pela perda do atual **status quo**.

Felizmente, porém, está chegando o dia do juízo final, que desnudará de vez esses farsantes pomposamente travestidos de pertinazes defensores dos interesses da categoria. O teatro tão amador quanto mambembe, finalmente está chegando ao fim. E não sem tempo!

Daqui para a frente não haverá mais espaço para esses senhores feudais do sindicalismo, que serão automaticamente banidos do meio. Eles não só não escaparão dessa bem-vinda e redentora faxina, processada desde a mais ativa, vigorosa e odorífera creolina à mais suave lavanda, como no novo sindicalismo que já está nascendo não haverá mais espaço não só a esses embusteiros, como também aos medrosos e pusilânimes dirigentes dos verdadeiros sindicatos de "gaveta", que só faziam recolher contribuições e freqüentar suas federações, em busca de insípidos, inodoros e inexpressivos cargos honoríficos em sua composição e figurar como encomendada claque em solenidades de expressividade duvidosa, recepções, almoços e jantares a figurões, cumprindo não só seu medíocre papel de eternos figurantes em vazias e melancólicas películas desse jaez, como — e principalmente — as de meros e eternos coadjuvantes nessa empreitada de desserviço à sua categoria econômica ou profissional, como agentes predadores de um tipo de sindicalismo que vive seus últimos momentos.

Quem desejar ser presidente ou dirigente sindical terá de possuir desprendimento, descortino, criatividade e profissionalismo. A ribalta dos aventureiros e dos oportunistas despencou.

E com a purificação propiciada pelo fim da farra do dinheiro fácil que chega ao fim, mais do que nunca far-se-á imprescindível muita inspiração e maior volume ainda de transpiração para obtenção de recursos destinados a um trabalho realmente sério, participativo, escancarado às bases.

Será ela que projetará com toda a intensidade o movimento sindical para as reais necessidades das categorias representadas pelas entidades sindicais patronais e de trabalhadores.

Com certeza será a Assembléia Geral que passará a apontar aos mandatários dos sindicatos quais serão as diretrizes e os caminhos determinados pela maioria e não mais pela minoria dos integrantes dos sindicatos.

Apontar e, sobretudo, fiscalizar *pari passu* a condução das ações traçadas em busca da consecução desses planos pelos membros da diretoria, pois do contrário os contribuintes deixarão de pagar (já então a contribuição espontânea). Em suma, a estagnação, o comodismo, a falta de transparência ou o trabalho desenvolvido em desacordo com os interesses maiores da coletividade econômica ou profissional não mais será financiado pelas bases, se não houver trabalho sério, efetivo e real.

Nessas condições, não padece nenhuma dúvida de que o sindicato do futuro (que está bem próximo) terá idêntica conformidade física e intrínseca da associação de outrora, passando a prevalecer os mais elementares princípios do verdadeiro modelo associativo.

Resta, portanto, que os dirigentes das entidades que ainda não foram integralmente corroídas pelos desacertos e os vícios arraigados no decurso desses 60 anos, desçam dos seus pedestais (antes que desabem) arregacem as mangas e tratem de trabalhar enquanto é tempo.

Chega de esperar pela boa vontade do Estado, sempre preso aos seus eternos casuísmos e de suas ações que invariavelmente priorizam outros interesses que não os dos verdadeiros interesses coletivos.

Basta à casta de sindicalistas que apenas se importam na preservação de interesses outros que não aos contribuintes de suas entidades, aos quais restou tão-somente (em primeiro lugar) o dever de dar sustento financeiro ao sistema e o de ser (em segundo lugar) um mero expectador das diretrizes do sindicato, quase sempre voltadas ou para as minorias ou aos interesses menores (e até inconfessáveis) dos seus dirigentes.

Cada um deve começar a fazer a sua parte.

Exatamente como diz a velha e sábia canção de Geraldo Vandré, que jamais perderá atualidade ("Para não dizer que não falei de flores"): "Vem, vamos embora, esperar não é saber/Quem sabe faz a hora, não espera acontecer".

CAPÍTULO VII

MAS, AFINAL, O QUE É ASSOCIATIVISMO NA PLENITUDE?

1. Introdução

A mais ilustrativa definição e conceituação do que é associativismo de forma abrangente, pode ser encontrada num recente trabalho elaborado pelo Sindicato do Comércio Varejista de Material de Construção, Maquinismos, Ferragens, Tintas, Louças e Vidros da Grande São Paulo (Sincomavi), em parceria com o Sebrae-SP, versando sobre um profundo trabalho de fomentação de rede associativista do setor.

Solicitando permissão ao insigne amigo, Dr. *Lázaro Antonio Infante*, uma das cabeças mais arejadas do meio sindical, ardoroso cultor e intimorato praticante do associativismo e com quem muito aprendi na qualidade de inveterado leitor de seus textos, publicados pela Imprensa, transcrevo os trechos mais transcendentes desse extraordinário compêndio, a começar pela própria definição do autor:

["(...) Desenvolver mecanismos que propiciem longevidade a essas empresas e, sem dúvida, um grande desafio, principalmente devido ao surto da globalização, mercado onde definitivamente se instalou a concorrência representada por grandes cadeias e competidores internacionais. A provável saída satisfatória para essa situação é o ASSOCIATIVISMO onde, com a união das empresas de pequeno e médio porte de um mesmo segmento, objetiva-se através de uma ação conjunta, o seu fortalecimento, a sua profissionalização e o conseqüente aumento da *Competivididade*, superando dificuldades, gerando benefícios comuns, criando entidades de representação empresarial, associações específicas ou de interesse econômico."]

Muito embora a partir de determinado trecho desse trabalho os conceitos sobre o Associativismo estejam direcionados para o de interesse econômico, o autor faz absoluta questão de destacá-los, não só por seu excelente conteúdo didático como igualmente pelo fato de que, doravante, a atividade sindical terá como um dos produtos a ser oferecidos — especialmente às inúmeras categorias econômicas habilitadas — a estimulação de formação de parcerias e consecução de redes associativas, como, aliás, já vem ocorrendo com sucesso em diversos segmentos econômicos.

2. História do associativismo no mundo e em nosso País, em termos institucionais e de interesse econômico

"Compreendeu que as associações tornam o homem mais forte e põem em destaque os melhores dotes dos indivíduos, produzindo a alegria que raramente se obtém ficando isolado, ao ver quanta gente honesta, séria e capaz existe e pelas quais vale a pena desejar boas coisas (ao passo que, vivendo por conta própria, é mais freqüente o contrário, acabamos por ver o outro lado das pessoas, aquele que exige manter sempre a mão na espada."

(Ítalo Calvino — "O Barão nas Árvores", 1957)

Imagine a seguinte cena: um homem pré-histórico, com armas rudimentares, sendo ameaçado por um animal extremamente feroz. O homem se sente inferiorizado, sem condições de lutar e vencer este terrível inimigo. Quando ele está prestes a encarar a derrota e entregar a sua própria vida a este muito mais forte do que ele, eis que surgem outros homens dispostos a ajudá-lo a salvar a sua pela e as deles mesmos.

Pronto! Está descoberto o poder da Associação e os benefícios decorrentes da sua prática. Podemos dizer que as associações ocorrem desde tempos imemoriais e servem para fortalecer a ação dos que delas participam.

Na sabedoria popular, encontramos o ditado: "A união faz a força". Entretanto, nossa cultura individualista nos impede de colocar esta verdade em prática. Principalmente no mundo dos negócios. Como imaginar empresas concorrentes trabalhando como parceiros? Como entender que a cooperação e a ajuda mútua são fundamentais para a sobrevivência num mercado tão competitivo como o atual?

Muitas empresas e pessoas encontram a solução para estas questões através da prática do Associativismo.

3. O que é associativismo e por que adotá-lo

Esta é uma palavra que ainda não se encontra nos dicionários, mas que pode ser definida como o ato de se tornar associativo, o ato de se associar.

Associar quer dizer agregar, juntar, unir. Reunir para um fim comum. Tomar como sócio ou auxiliar para algum fim. Cooperar em alguma obra; contribuir para algum fim.

Associativo é aquilo que associa; relativo à associação.

A definição mais específica e para a qual a palavra ASSOCIATIVISMO é utilizada, é com relação à união de empresas ou pessoas com o objetivo de superar dificuldades e gerar benefícios comuns, através da criação de entidades de representação empresarial, associações específicas ou associações de interesse econômico.

Numa definição ampla, dizemos que Associativismo, é qualquer iniciativa formal ou informal que reúne um grupo de empresas ou pessoas com o principal objetivo de superar dificuldades e gerar benefícios em nível econômico, social ou político.

O homem descobriu a força da associação ou do Associativismo, desde o momento em que percebeu que teria chances maiores de sobrevivência se se unisse a outros homens no combate a seus inimigos comuns, ou seja, animais selvagens, proteção das intempéries, procura por alimentos. Esta é a imagem que traduz muito bem o espírito associativista.

Existem duas principais formas de Associativismo:

a) De entidades de Representação Empresarial — que são Associações Comerciais, Industriais e Rurais; as Associações específicas, com fins sociais ou políticos e os Sindicatos.

b) De parcerias ou Associações de Interesse Econômico — praticado por grupos de países, empresas ou pessoas (Cooperativas).

No presente trabalho fazemos referência a este último tipo de Associativismo, o de interesse econômico e, mais especificamente, o que reúne empresas de um mesmo segmento ou pessoas com a mesma atividade econômica, para práticas tais como compras conjuntas, ações de marketing, programas de qualidade, produção compartilhada, etc.

A economia mundial vive, atualmente, uma grande revolução com mudanças rápidas e irreversíveis, exigindo uma adequação constante das pessoas, empresas e países a estas transformações. A globalização da economia abriu novos mercados e a concorrência é cada vez mais acirrada.

Para ganhar estes novos mercados, as empresas e mesmo os países, têm que produzir bens e serviços com qualidade e preço competitivo, com alta produtividade. Muitas empresas não estavam preparadas para estas mudanças e sofreram, ou vêm sofrendo, para se adaptar à nova realidade. A sobrevivência no mercado tem sido tema de inúmeros congressos, tanto a nível nacional quanto internacional, buscando alternativas que possam combater a enorme competição existente entre as mais variadas organizações empresariais.

Em nível mundial, verificamos algumas ações na busca deste "lugar ao sol" no mercado consumidor eliminando barreiras alfandegárias e protecionistas, o que aliado aos altos níveis de produtividade e tecnologia, outro resultado não poderia ser esperado, senão produtos e serviços de boa qualidade e altamente competitivos. São os famosos e conhecidíssimos mercados comuns, entre os quais podemos citar os mais representativos: Comunidade Européia, Nafta, Apec e Mercosul.

Nunca se ouviu falar tanto em associações de grandes empresas ou fusões de empresas, as quais, na procura pelo fortalecimento, se unem para não perder seu mercado ou para alcançar novos horizontes. Mais do que nunca as empresas procuram ser competitivas.

Manter essa competitividade é o grande desafio para as empresas brasileiras grandes e, principalmente, as pequenas e médias, que enfrentam barreiras muito difíceis, como o acesso ao crédito, a novas tecnologias, a programas de qualidade, etc.

É preciso que as pequenas e médias empresas se conscientizem de que as dificuldades para permanecerem no mercado, isoladamente, serão maiores a cada dia, e que o acesso à tecnologia, créditos, etc., é mais difícil quando tratado individualmente. E estes benefícios são indispensáveis para a conquista da qualidade e produtividade, fatores que determinarão a tão sonhada competitividade.

A resposta para este problema está no ASSOCIATIVISMO.

4. O associativismo no mundo

A prática do Associativismo em nível mundial vem desde o século 19, com o Cooperativismo, surgido na Inglaterra, em 1843, com a criação da primeira Cooperativa de Consumo por um grupo de artesãos, com o principal objetivo de realizar compras de comestíveis a preços mais baratos. Hoje, o Cooperativismo é a prática associativista mais difundida e conhecida no mundo todo, existindo vários tipos de Cooperativas, como as de Crédito, as de Trabalho, Habitacional, Educacional, dentre outras.

As Cooperativas são associações de pessoas com o objetivo de propiciar benefícios econômicos e sociais aos seus associados, chamados de sócios-cooperados. Possuem regras próprias e princípios seguidos e propalados para a manutenção da filosofia cooperativista.

Outro exemplo de Associativismo se encontra na Itália, onde as empresas familiares trabalham em torno da produção de um único tipo de bem, tornando as suas cidades famosas devido à alta qualidade de seus produtos, formando verdadeiros pólos de produção conjunta. Na região de Emília Romagna, norte da Itália, há 30 anos as pequenas indústrias de cerâmica respondem por 30% da produção e 60% das exportações mundiais do setor, através de investimentos compartilhados em equipamentos e serviços. Estes grupos de empresas são chamados de "sociedades coletivas de interesse econômico" e atuam como compradores e fornecedores de produtos e serviços, possibilitando uma economia de escala. No setor de confecções, cada empresa faz uma peça da coleção determinada por um profissional contratado pelo grupo.

Em 1994, na cidade de Barletta, sul da Itália, foi criada a ATB — Associação Têxtil de Barletta, devido ao estímulo de alguns empreendedores convencidos de que o associativismo poderia ser a referência para encarar e resolver problemas das suas próprias empresas, no que concerne à evolução institucional e ambiental onde ela opera e a mutável e aleatória situação corrente do mercado têxtil, conforme informações da própria ATB, encontradas na sua *homepage* veiculada pela Internet. Essa organização congrega 159 empresas das 300 existentes nesse pólo têxtil criado nos anos 50 na Itália.

No Japão, na região de Sakaki, 330 pequenas indústrias de componentes eletrônicos e plásticos injetáveis fazem uso compartilhado de máquinas com custo muito elevado para uma única empresa e são consideradas líderes mundiais na sua área.

Outras ações recentes são encontradas no mundo, mas a Itália costuma ser o principal referencial quando se trata de Associativismo.

5. O associativismo no Brasil

No Brasil, a prática do Associativismo é mais conhecida através das Cooperativas, como ocorreu no restante do mundo. O tipo mais conhecido de Cooperativa é a do setor agrícola, com a união dos produtores rurais em torno desta atividade empresarial que trouxe e vem trazendo muitos benefícios aos seus cooperados.

As Cooperativas de Trabalho também foram muito difundidas no Brasil, até meados dos anos 60, quando as organizações foram impedidas de contratar mão-de-obra através destas empresas. Entretanto, em dezembro de 1994, foi adicionado o parágrafo único ao artigo 442 da CLT — Consolidação das Leis do Trabalho, que diz que "qualquer que seja o ramo de atividade da sociedade cooperativa, não existe vínculo empregatício entre ela e seus associados, nem entre este e os tomadores de serviços daquela (Lei n. 8.494, de 9.12.94)". Isto vem possibilitando a fundação de inúmeras Cooperativas de Trabalho no Brasil, unindo pessoas que se encontram numa situação desfavorável em termos profissionais. O crescimento registrado deste tipo de Cooperativa está na ordem de 70%.

Outros tipos de Cooperativas vêm se difundindo, recentemente, como as Habitacionais e as Educacionais, facilitando o acesso à moradia própria e à educação de mais qualidade.

Entretanto, o Associativismo entre empresas no Brasil é mais recente e vários exemplos podem ser listados para mostrar a força e a resposta positiva que esta prática vem encontrando na economia nacional.

Uma das primeiras iniciativas foi no Espírito Santo, com a criação da Central de Compras dos Supermercados de Cariacica, onde 56 lojas se uniram e formaram a rede Ales de Supermercados. Em 1993, surge, também, a Rede da Economia, com 14 supermercados realizando compras conjuntas. No interior de São Paulo, temos a Rede Mais de Supermercados, com aproximadamente 30 lojas oferecendo produtos com preços que competem com as grandes redes supermercadistas.

No setor industrial, temos a Unimóveis — Associações de Moveleiros de Taguatinga-DF, para a compra de matérias-primas e melhoria da qualidade. Na cidade de Votuporanga-SP, 21 empresas se uniram para formar o pólo moveleiro, com a produção de móveis da linha *country*. Atualmente, este pólo já possui Selo de Qualidade, seus móveis têm *griffe* e consegue exportar sua produção para os países da Europa e Mercosul, algo impossível antes desta ação associativista.

O pólo têxtil de Americana-SP vinha sofrendo a concorrência internacional, pois suas indústrias se encontravam deficientes em relação à tecnologia empregada em outros países. Parque industrial sucateado, máquinas obsoletas, estavam levando ao fechamento de muitas empresas. A união de 30 empresas em torno de um projeto de melhoria de qualidade e adequação tecnológica, está conseguindo reverter este quadro desfavorável, e enfrentar o mercado quase que nas mesmas condições de seus concorrentes.

Em 1995, o pólo calçadista de Birigui, interior de São Paulo, sentiu os efeitos do câmbio dificultando as exportações e a política de juros do governo, provocando um recorde de inadimplências no setor. Um grupo de empresas resolveu praticar o óbvio: realizar compras conjuntas e estratégias unificadas de marketing e comercialização. Através de programas de melhoria da qualidade de seus produtos, a cidade de Birigui vem conseguindo reverter progressivamente esta situação desfavorável, recuperar mercados e recontratar mão-de-obra.

Em Minas Gerais, na cidade de Jacutinga, grande produtora de artigos de malha, as empresas competiam entre si em um mercado cada vez menor. Para reverter este quadro, um grupo montou uma central de compras e vendas, atualizou a sua linha de produtos de acordo com as tendências de moda mundiais e conseguiu recuperar seu mercado e conquistar outros novos. Os pedidos aumentaram e os empresários estão com uma visão mais profissionalizada do seu negócio. Outros produtores de malhas da região já se juntaram a esta central de compras.

Outra forma de Associativismo que vem encontrando bastante adesão é com relação às EPC's — Empresas de Participação Comunitária, cuja primeira iniciativa foi na cidade de Maringá-PR, no início dos anos 90. Trata-se de grupos de pessoas que querem investir em algum negócio que garanta um retorno do seu investimento e ajude no desenvolvimento das respectivas comunidades. São formadas Sociedades Anônimas de Capital Fechado e são estipuladas quotas mensais que formarão o total do capital a ser investido. O grupo passa, então, a analisar as várias possibilidades de investimento, através de projetos apresentados por possíveis parceiros ou sócios-minoritários das futuras empresas. O investimento pode ser realizado em empresas já existentes e que se encontrem em dificuldade momentânea, mas que apresentem viabilidade econômica.

Talvez uma das formas mais gratificantes da prática associativista, seja a utilizada na formação de futuros empresários sob a forma de incubadora, onde as pessoas com afinidades vocacionais, oriundas dos mais diversos segmentos econômicos, se unem para a realização do objetivo comum. São as indústrias comunitárias, onde estas pessoas, abrigadas sob um mesmo teto, recebem treinamento técnico específico do segmento e formação empresarial para que possam melhor desenvolver a sua atividade e ter reais possibilidades de sobrevivência no mercado.

Sob a forma de Cooperativa, temos o caso de Barretos-SP, onde 102 mulheres se uniram e constituiram a Cooperativa de Costureiras de Barretos, que pretende ser o maior pólo confeccionista de moda *country* do Brasil. Esta Cooperativa é parte integrante de um projeto macro que transformará Barretos em uma cidade *country*, aproveitando, naturalmente, o prestígio nacional e internacional que ela desfruta pela realização de rodeios.

Ainda sob a forma jurídica de Associação de Interesse Econômico, 65 mulheres que se uniram e constituíram a Associação Olimpiense Independente de Confeccionistas, em 1996, na cidade de Olímpia-SP, e hoje já estão preparando o lançamento de uma linha de produtos próprios no segmento de malharia. Sob esta forma de constituição, a prática associativista se torna mais objetiva no combate ao desemprego, já que se prevê a criação de microempresas reunidas em uma "Central de Operações Comerciais", cujo efeito multiplicador na geração de emprego e renda é muito maior. E várias outras estão se formando, como a Associação de Confeccionistas Independentes de Taiaçu, em Taiaçu-SP, pequeno município de 5.000 habitantes, com graves problema sociais, incluindo o desemprego e o analfabetismo.

Ações associativistas vão se proliferando e Redes se materializando a cada dia, comprovando a eficiência do trabalho em comum e da união. Mais recentemente, vimos surgir o Croc-Pão, congregando mais de 30 padarias de São José do Rio Preto e região.

Da união de 30 empresas do ramo de autopeças, nasceu a Associação das Autopeças de São José do Rio Preto e Região — Assopeças, com o objetivo de realizar compras conjuntas e marketing compartilhado. Para tanto, estas empresas escolheram uma marca fantasia única, que é a Redepeças. As fachadas das empresas serão padronizadas e uma agência de publicidade cuidará do planejamento estratégico de marketing, para alavancar as vendas e conquistar novas fatias de mercado.

Entretanto, o segmento que mais se afinou com a prática associativista, talvez mesmo pela característica do mercado, foi o ramo farmacêutico, onde vimos nascer inúmeras redes por todo este Brasil.

Embora algumas experiências já tivessem ocorrido, como a Central Distribuidora de Brasília-DF, o movimento tomou força a partir de 1994, no Sebrae de São José do Rio Preto-SP, quando iniciaram as primeiras reuniões com um grupo de proprietários de farmácias, assustados com a crise que atingia o setor que já havia provocado o fechamento de mais 45 estabelecimentos na cidade. Este grupo viria a ser o embrião da futura Rede Multidrogas, lançada no mercado em 1995, com 40 lojas.

Daí em diante e devido ao sucesso deste empreendimento, foram surgindo novas rede no ramo farmacêutico, em várias cidades do Estado de São Paulo e de outros Estados do Brasil, tais como Farmáxima, em Campinas; Net-Farma, em São José do Rio Pardo-SP; Farma & Cia., em São Paulo, Capital; Farma-100, em São Bernardo do Campo-SP; Droganorte, em Campos-RJ; Maxidrogas, em Itabuna-BA dentre outras, beneficiando aproximadamente 400 estabelecimentos comerciais de pequeno porte.

Atualmente, este segmento se encontra fortalecido, podendo enfrentar de maneira igualitária, as grandes redes de farmácia e as redes de franquias que já existiam ou passaram a existir, competindo em condições de igualdade.

VANTAGENS DECORRENTES DESTE TIPO DE ASSOCIAÇÃO

— Sem fins lucrativos e impedida de realizar atos produtivos ou comerciais.

— Existência ou não de uma contribuição mensal fixa. As despesas de manutenção podem ser absorvida pelo poder público (ex. Prefeitura Municipal) ou rateadas entre os associados.

— Participam pessoas físicas e/ou jurídicas.

— Atividade comercial ou de produção realizada através de empresa limitada, de propriedade da Associação.

— Submete-se à Lei das Associações de Interesse Econômico.

— Baixo nível de exigências para abertura e inscrição no CGC.

— Pessoas físicas deverão estar vinculadas a uma empresa comercial como sócias para não configurar vínculo empregatício com a Associação.

BENEFÍCIOS OBTIDOS COM A PRÁTICA ASSOCIATIVISTA

— Apoio ao Associado.

— Minimização de custos administrativos e operacionais.

— Assessoria jurídica e contábil.

— Acesso a tecnologia de ponta e informações teconológicas.

— Preparação para a competitividade de mercado.

— Acesso a novos mercados.

— Melhor qualidade dos produtos e serviços.

— Maior acesso e com mais rapidez às linhas de crédito.

— Participação em feiras e exposições.
— Aumento do poder de barganha.
— Acesso a grandes fornecedores.
— Treinamento e capacitação empresarial.
— Maiores lucros.

RISCOS A SEREM EVITADOS NA PRÁTICA ASSOCIATIVISTA

— Interesse especulativo sobre o projeto.
— Falta de habilidade para tomar decisões em conjunto.
— Reduzir o poder de barganha do grupo, comercializando individualmente.
— Manter sócios que não cumpram as normas estabelecidas ou de duvidosa idoneidade financeira e ética.
— Vazamento de informações confidenciais.
— Número de participantes acima da capacidade da estrutura administrativa.
— Inexistência de Regimento Interno.

A difusão e o conhecimento dos reais benefícios que o Associativismo traz às empresas e pessoas que o adotam, tornará esta prática cada vez mais comum e trará mudanças de comportamento que facilitarão, e muito, a vida econômica e social do nosso País. É somente uma questão de tempo e de contar com pessoas e empresas dispostas a enfrentar este desafio.

O mais recente exemplo desta disposição e vontade de vencer as dificuldades e encontrar melhores caminhos, é o do segmento varejista de materiais de construção, com a formação da ALOMACO (Associação de Lojas de Material de Construção da Grande São Paulo), entidade que abrange mais de três dezenas de empresas da cidade de São Paulo para a realização de compras conjuntas, socialização de bons negócios, informatização e principalmente lançar em breve no mercado a *Rede Construir*, sua marca registrada.

Não há nada mais edificante, salutar e progressista do que o associativismo.

Ele contempla a união, não a divisão.

A competência, não a mediocridade.

O trabalho que dignifica os fortes, não a preguiça indolente que privilegia os fracos.

Este detalhista trabalho, contém outros importantes capítulos, tais como aspectos jurídicos e administrativos constitutivos, planejamento estratégico, regulamento interno, código de ética e inúmeros outros, constante do aludido compêndio de 60 páginas. As entidades sindicais de todo o Brasil que desejarem formar sua rede associativista, ou mesmo inteirar-se convenientemente sobre o tema, basta solicitar o referido compêndio, produzido pelo SINCOMAVI, à mencionada entidade, à atenção de seu presidente, Dr. Lázaro Antonio Infante (Rua Boa Vista, 356 — 15º — Cep 01014-000, São Paulo-SP).

CAPÍTULO VIII

VISÃO FUTURISTA DO
NOVO SINDICALISMO BRASILEIRO

1. A autonomia sindical vista por especialistas

Como ficou dito, a nova realidade sindical em nosso País deve fundamentar-se no retorno aos primórdios, isto é, com base nos conceitos do associativismo.

Antes de expender nossas mais aprofundadas considerações a respeito, vamos nos valer de alguns excelentes conceitos didáticos do Mestre em Direito, Dr. *José Eymard Loguercio*, publicados em sua obra "Pluralidade Sindical — Da Legalidade à Legitimidade no Sistema Sindical Brasileiro", Editora LTr, 2000, às páginas 131-139:

["5.3.2. Pluralidade e sindicato único: O monopólio sindical é totalmente incompatível com a liberdade sindical porque importa em negar a possibilidade de representação e de filiação de sua livre escolha. Segundo a OIT:

'O princípio de livre escolha de organizações de empregadores e trabalhadores, firmado no artigo 2º da Convenção n. 87, não foi formulado para apoiar qualquer tese favorável ao 'pluralismo sindical'; tampouco serve para respaldar a noção de 'monopólio sindical'. '(. ...)Ao elaborar a Convenção n. 87, a Conferência Internacional do Trabalho não se propôs impor pluralismo sindical em caráter obrigatório; limitou-se a garantir, pelo menos, a possibilidade de que se pudessem estabelecer diversas organizações. (...)Por isso, existe uma diferença fundamental entre a vigência de um monopólio sindical instituído e mantido por lei e a decisão voluntária dos trabalhadores ou de seus sindicatos de criar uma organização única que não resulte da aplicação de uma lei promulgada para esse fim.' (OIT; 1993; 41-41)

Apesar da justificativa da OIT, é certo que o monopólio sindical, que decorra de imposição legal, contraria a liberdade de escolha, e não pode haver verdadeira liberdade sindical sem possibilidade de convivência plural.

A pluralidade sindical implica em uma mudança substancial no sistema. É que se passa do exame da representação formal (legal) para, nos casos de concorrência de representação, a representação legítima. Desloca-se o critério de distinção da representação sindical e, como tal, exige-se um tratamento de procedimentos e de garantias muito mais sofisticado, especialmente no que tange à negociação coletiva.

(...) Uma das principais razões de alguns defensores da unicidade sindical sempre foi a tese da debilidade sindical ou do enfraquecimento da organização dos trabalhadores. Vejamos de forma clara algumas defesas do sindicato único no Brasil:

(...) d) dada a natureza do sindicato, espécie do gênero associação, com finalidades profissionais, diversidades religiosas ou confessionais não justificam o pluralismo, ainda mais atualmente, quando está em curso o processo de ecumenismo, mais do que cristão, universal; f) o pluralismo divide forças, e, dessarte, enfraquece a capacidade sindical de pressionar e reivindicar, e o monismo, repartido territorialmente melhor propicia a união dos mais próximos — foi a proximidade que fez nascer o sindicalismo, e, ao mesmo tempo, interioriza diversidades secundárias, sem provocar divisões separatistas e reciprocamente enfraquecedoras — a tomização, os 'sindicatos de papel' e, até, a 'poeira sindical'. (*Catharino*, J.M.;1982:109)

'(...) A representação coletiva dos interesses da profissão inteira, por um só sindicato, seria conseqüência lógica de indivisibilidade desses interesses. Não se compreenderia muitos sindicatos representando uma só profissão, até porque a evolução histórica do fenômeno demonstra que toda vez que a formação profissional se fez representar por vários organismos, as lutas decorrentes desse situação acabaram por enfraquecer e fragmentar o sindicalismo'. (Gomes, O. e Gottschalk, E.; 1995-538)

Na década de 30, Oliveira Viana simbolizou a ardorosa defesa do sindicato único, na perspectiva de uma implantação do modelo corporativista. Mas Oliveira Viana tinha uma visão estratégica, uma visão de mundo sobre a organização da sociedade e o papel do Estado.

(...) A questão do sindicato único no Brasil, da implantação e desenvolvimento da organização sindical, desde a primeira República, esteve imersa neste ideário. Foi ele quem lhe deu sustentação. Formava-se uma imbricada lógica entre interesses públicos e privados; entre ordem liberal e autoritarismo; entre a participação e democracia; estando a organização sindical no centro desse debate, inclusive pelos mecanismos jurídicos de difícil enquadramento em um dos dois grandes pólos ou ramos do direito: o direito público e o direito privado. O sindicato único ganha, no Brasil, contorno político de direito público, ainda que identificada a natureza jurídica do sindicato como de direito privado, pois a razão que movimenta a sua defesa é a razão do Estado integrador.

O problema da manutenção do sindicato único não se resume na impossibilidade de interferência do Estado, ou seja, no plano da autonomia. Esse é apenas um dos aspectos do sindicato único. Do ponto de vista mais amplo, o sindicato único está relacionado com a questão da participação e da democracia, ou seja, dos instrumentos de organização da sociedade para a defesa dos direitos chamados de fundamentais. Comporta uma pretensão de abstenção do Estado (e nesse sentido a Constituição de 1988 modificou o quadro de atrelamento vivido no período de pós-30), mas ao mesmo tempo, uma pretensão positiva que se estabelece por mecanismos de defesa (diretos e indiretos) e, portanto, de participação dos sindicatos para a criação de novos direitos e a defesa dos direitos sociais, ambos colocados no plano normativo constitucional.

Nesse sentido, a pluralidade sindical também não se resume na possibilidade de criação de mais de uma entidade sindical e na 'concorrência' da representação. Ela pressupõe instrumentos que permitam a defesa dos direitos fundamentais, como aqui se tem esboçado. Esse fato não passou despercebido em um dos mais importantes trabalhos no Brasil em defesa do sindicato único, de *Evaristo de Moraes Filho*, em 'O problema do sindicato único no Brasil', cuja primeira edição data de 1952, embora ali a defesa do sindicato único seja justificada exatamente pela 'facilidade' do mecanismo, ocultando a presença autoritária que é seu substrato:

'(...) Realmente: ou bem os sindicatos devem desempenhar eminentemente funções públicas de organização social, estruturando as diferentes profissões a que se dedicam os homens; ou então devem permanecer como simples organismos privados, inteiramente particulares, para puro divertimento dos seus associados. (...) No primeiro aspecto — que é o que nos importa neste ensaio — vê-se o Estado desde logo interessado, já que a sua própria vida e de toda a sociedade depende da boa organização profissional (...) (Moraes Filho, E.; 1978:156).

Nota-se, nessa passagem, a preocupação com a localização do sindicato e de suas funções dentro da dicotomia público/privado que percorre todo o pensamento jurídico sobre a organização dos trabalhadores nos sindicatos. Evaristo vai responder que a necessidade de um organismo 'para desempenhar funções públicas' no interesse das profissões, só podia ser realizada por um sindicato especialmente, levando-se em consideração a sua função regulamentar:

'E qual o organismo mais indicado para desempenhar este papel? Só cabe uma resposta: o sindicato. E quais os principais instrumentos econômicos e jurídicos de que se lança mão para seus fins organizacionais? A convenção coletiva de trabalho e os conflitos coletivos de trabalho. E aqui então o problema se reveste de novas características, mais sérias, que nos vão colocar ainda mais do lado da unidade sindical. Porque, se estes institutos levam em conta a profissão como uma unidade, tendo em vista a aplicação uniforme das mesmas condições de trabalho, abstratamente, a todos os ocupantes da mesma profissão, idêntica, similar ou conexa, como admitir mais de um órgão que a represente, que por ela estipule? Num regime de pluralidade absoluta, como pleiteam os seus adeptos, viveríamos num verdadeiro inferno de confusão social. (...)' (*Moraes Filho, E.*; 1978:156)

Um dos pontos que justifica, na visão de Evaristo, uma postura assumidamente em favor do sindicato único é o mecanismo da negociação coletiva e da convenção coletiva de trabalho, dada a sua natureza jurídica, criadora de direitos e, portanto, com função normativa para além dos meramente associados da entidade sindical. *Evaristo* não consegue enxergar para além dos limites da dicotomia público/privado, pois se a lógica que preside a convenção coletiva, como ele próprio diz, independentemente das doutrinas que procuram explicar a sua natureza jurídica, leva a uma aplicação abstrata e universal a todos os interessados, em uma tendência de considerá-las 'leis-convenções', outra não poderia ser a lógica da instituição que a possibilita: o sindicato. No sindicato único, a universalização dessas 'leis-convenções' torna-se mais simplificada, o que não quer dizer que, no sistema de pluralidade, seria impossível conferir efeito ***erga omnes*** aos contratos coletivos, ou como seria o 'caos' a tentativa de universalização, como enfatiza *Evaristo*.

As posições de *Evaristo* e de *Oliveira Viana,* na defesa do sindicato único, não são integralmente coincidentes, porque Evaristo combate os aspectos mais autoritários da organização sindical e, muito especialmente, a contribuição sindical. Mas, no fundo, quanto à questão dos motivos de preferência pelo sistema de sindicato único, as visões se aproximam. O fio condutor dessas visões é a função do Estado no processo de integração e promoção dos trabalhadores. Enquanto em *Oliveira Viana* essa participação tinha viés 'autoritário', em Evaristo tem viés 'protetor' das classes menos organizadas. Ambos, no entanto, enxergam no Estado o *locus* de movimentação da própria sociedade, fazendo coincidir, a um só tempo, o público e o privado, e a defesa do sindicato único acaba unindo-os em favor de um critério apriorístico legal que afasta as possibilidades de exame de legitimidade.

Nos sistemas de pluralidade sindical, há necessidade de se passar do exame puramente formal da representação para um exame de legitimidade. Essa virada substancial implica o estabelecimento de alguma regra para a definição da representação voltada para o mecanismo de negociação coletiva e, em especial, para a aplicação dos instrumentos da negociação para todos os trabalhadores e empregados e empregadores representados (efeito *erga omnes*) independentemente da filiação.

5.3.3. Pluralidade e representatividade: Uma das questões que se coloca na presença de pluralidade sindical, ou seja, na possibilidade de convivência de várias entidades em disputa de representação, é quanto à representatividade. No entendimento da OIT, a distinção entre o sindicato mais representativo e os demais não agride, em princípio, a liberdade de escolha, desde que não signifique a proibição de existência de outro sindicato. Para a OIT:

> 'As distinções dessa espécie podem ser válidas quando se limitam a definir certos direitos, como os relativos à representação dos trabalhadores para fim de negociação coletiva; à consulta por parte dos governos ou à designação de delegados junto a organizações internacionais. Não devem, porém, ser utilizadas para impedir o funcionamento de organizações minoritárias que devem ter, pelo menos, o direito de apresentar as reivindicações de seus membros e de representá-los durante o exame de uma reclamação que lhes diz respeito'. (OIT; 1993:43)

Sobretudo no campo da negociação coletiva, há uma tendência de utilização de critério de maior representatividade para que se estabeleça o efeito *erga omnes* das convenções coletivas.

Mas o tratamento prático da questão não é fácil e comporta sistemas e soluções diferentes. Como definir o mais representativo? Quem define o mais representativo? Quais os recursos cabíveis contra tal decisão? Que critérios utilizar?

São perguntas que comportam respostas diferentes, conforme a legislação e a experiência de cada país que adota o sistema de pluralidade. Deles podem-se recolher alguns critérios. A própria OIT considera que o sistema de credenciamento do sindicato mais representativo, para negociação coletiva e os efeitos extensíveis a toda a categoria, dos acordos ou convenções coletivas, precisa contar com algumas garantias e entre elas, relacionam-se as seguintes:

a) a concessão do citado credenciamento estará a cargo de um organismo independente;

b) a organização representativa será aquela que conseguir maioria de votos dos trabalhadores da unidade de negociação;

c) a organização que não tenha conseguido reunir o número de votos suficiente deve ter o direito de requerer nova eleição dentro de um determinado prazo;

d) toda organização que não tenha obtido o direito de representar a unidade de que se trata na negociação coletiva deve ter o direito de requerer nova eleição, após transcorrido determinado espaço de tempo, em geral de doze meses, a partir da eleição anterior (OIT; 1993:44)

Quanto aos critérios para aferir o mais representativo, dois são os principais caminhos apontados:

a) o da eleição; e

b) o da preponderância.

No primeiro caso, escolhe-se o mais representativo através de eleição com periodicidade determinada quando houver disputa sindical na base de negociação. No segundo caso, utiliza-se, como critério de preponderância, o número de associados e alguns elementos adicionais ou secundários para a avaliação de representatividade."]

E ainda antes de dar curso ao nosso pensamento, a propósito do que será a nova concepção da vida sindical brasileira, é fundamental avivar o que com muita propriedade nos traz o Dr. *Cláudio Rodrigues Morales* em seu professoral e abrangente "Manual Prático do Sindicalismo", Editora LTr, páginas 35 a 38:

["5. Atualidade. As lideranças sindicais, para que possam fazer o movimento sindical sobreviver às mudanças que estamos constatando atualmente, devem através de muita criatividade e coragem implantar mudanças nas práticas até aqui adotadas, sob pena de sucumbirem à nova realidade existente e a que virá via legislativo. A OIT, na proteção do movimento sindical, instituiu a Convenção n. 87, que prevê a liberdade sindical, e a Resolução n. 98, que trata da proteção dos direitos sindicais.

Ultimamente, constatamos através da imprensa falada, escrita e televisada, depoimentos de vários sindicalistas das várias correntes, de que o movimento sindical necessita de ajustes para enfrentar os novos desafios postos, seja em nível de Brasil e de mundo como um todo. Nesta linha, endossamos o pensamento de *Luiz Marinho,* presidente de importante sindicato, ou seja o dos Metalúgicos do ABC que afirma (Jornal 'Folha de S.Paulo', de 10.12.96, caderno 2, fls. 2) '...O sindicato do ano 2000 se consolidará como parte de uma coletividade mais ampla na sociedade e exercerá um poder maior de intervenção na realidade enquanto representante de cidadãos de contribuintes e consumidores. O sindicato do ano 2000 vai jogar na lata do lixo da história o corporativismo, os vícios políticos e a getulista máquina burocrático-administrativa...'.

Miguel Reale (ex-Reitor e Professor Emérito da USP, *in* Revista LTr, 61-01/12) entende que: '...O sindicato, representando a força do trabalho, deverá deixar de ser como se pregou durante dezenas de anos, um instrumento de luta de classe, para, ao contrário, representar uma entidade destinada a compreender com objetividade e serenidade as situações existentes, a fim de estabelecer certas normas de equilíbrio no que diz respeito a horas de trabalho e à retribuição devida aos trabalhadores. Isto já está sendo objeto de análise e de realização em alguns países do mundo. Em certas regiões da Alemanha, por exemplo, se realiza acordos de caráter inter-sindical, de caráter global, com a assistência e colaboração do Estado...'.

Orlando Teixeira da Costa (Min. Decano do TST, Pres. Ac. Nac. Dir. Trab., *in* Revista LTr 61-01/39) afirma que: '...Por isso, o sindicalismo tem que demonstrar sua capacidade atual, ajustando-se aos novos tempos, mas sem se afastar do seu propósito essencial: — obter a preservação da dignidade do homem trabalhador pelo vínculo da solidariedade'.

Hugo Gueiros Bernardes (citado por *José Augusto Rodrigues Pinto, in* Revista LTr, 60-08/1034) diz que '...O sindicato brasileiro do século XXI deve ter aberto os olhos para o fato de que a locução *classe trabalhadora* perdeu a expressão absoluta *porque os interesses dos trabalhadores já não devem ser tratados como se fossem de toda uma classe, mas sim, dos empregados de cada empresa em relação ao desempenho industrial e comercial desta, sob pena de ficar a classe trabalhadora patinando no seu sonho de libertação e perdendo os dividendos de seu trabalho, em cada empresa e em cada exercício'.*

Em nossa opinião, essa afirmação de *Hugo Gueiros* deve ser observada com reservas, uma vez que se deve respeitar um mínimo de garantias, pena de darmos um grande passo atrás das conquistas sociais até aqui alcançadas pelos obreiros. Finalmente, como cita *Eric J. Hobsbawm* (*in* 'A Era das Revoluções-1789-1848' Editora Paz e Terra, ano 1979, pág. 230 — referindo-se à nova consciência que brotava no início do século XIX). 'A história do movimento sindical tem demonstrado que não basta mobilização ou ações ocasionais, e se quisermos limitar-nos a nosso país, é necessário uma eterna vigilância, organização e atividade do 'movimento', em nível nacional. Exemplo claro dessa necessidade, é o atual momento em que vivemos no Brasil, onde conquistas históricas de direitos e garantias elementares de sobrevivência dos trabalhadores estão sendo derrubadas com simples assopro. Não somos contra a modernidade, só achamos que modernidade e desenvolvimento não é socializar a miséria, eliminando direitos e garantias mínimas de sobrevivência do ser humano. Só construiremos uma nação livre e soberana com melhoria das garantias sociais, ou seja, direito a trabalho com remuneração digna, melhor distribuição de riqueza, acesso à escola, direito de moradia, enfim, Justiça Social pela qual todos clamamos! As entidades sindicais devem assumir, para tanto, uma postura de responsabilidade diante da sociedade, abandonando a linha eminentemente reivindicatória. As condições mundiais e até mesmo nacionais não mais admitem o sindicalismo de empedernido de alguns patrões e o comportamento acomodativo e burocrático de outros sindicatos...'.

Zeu Palmeira Sobrinho, Juiz do Trabalho e Professor da Universidade Federal da Paraíba, *in* Revista LTr, 62/05/628, assim se posiciona: 'Inobstante o papel em contrário de alguns cientistas, entendemos que o declínio do sindicalismo não é irreversível, desde que se leve em consideração o conjunto dos principais fatores desse declínio do sindicalismo, semeados dentro do gênero neoliberal, podem ser identificados como: a) a precarização das relações do trabalho; b) o processo agressivo da produção; c) o desemprego...'. Afirma ainda a nosso ver, com toda razão, Zeu Palmeira em dita obra que: '...A forma de pensar do sindicalismo é reflexo, de certa forma, da atitude da maioria da sociedade, muito embora esta quase sempre seja influenciada pelo pensamento de uma minoria dominante. O pensamento da classe dominante influencia parte da sociedade e considerável parcela do sindicalismo. Essa influência é penetrante de tal modo que alguns poucos passam a manejar as idéias neoliberais como próprias ou originais. Daí, um motivo, dentre outros, pelo qual o sindicalismo brasileiro cada dia mais está fragmentado. O fato grave não é a democrática existência de sindicatos orientados por diversas tendências políticas. A gravidade manifesta-se quando uma corrente neoliberal do sindicalismo passa a ter grande peso como interlocutor, transformando a negociação num espelho de consensualidade dissimulada, onde uma parte apenas tem o direito de contemplar a sua própria imagem...'.

Cássio Mesquita Barros, Professor de Direito do Trabalho na USP, *in* Revista LTr, 62-08/1032, afirma que: '...O movimento sindical está passando por muitas transformações não só externas, mas também internas, em conseqüência do surgimento de um sistema de desenvolvimento econômico em resposta à crise econômica, característica do regime de acumulação de capital. Além disso, vai ficando longe o tempo em que o sindicato, como prolongamento do Estado, preconizava não só a extinção da empresa privada como do próprio regime capitalista. Os sindicatos mostram-se mais preocupados com a sorte da empresa no contexto da reestruturação econômica e na determinação das condições dos contratos individuais de trabalho...'.

Ainda em 'Direito Sindical Brasileiro', abrangendo estudos em homenagem ao Prof. *Arion Sayão Romita*, coordenado por *Ney Prado*, Editora LTr,o Dr. *José Francisco Siqueira Neto*, nos traz em 'Autonomia Sindical' (pág. 217), duas definições antológicas a propósito da autonomia sindical.

A primeira do eminente Prof. Dr. *Octávio Bueno Magano*: *'Autonomia Sindical é o direito de liberdade sindical visto pelo aspecto coletivo e organizativo, é a liberdade do grupo, a liberdade de associação como tal'*.

A segunda, mais ampla, focada na autonomia organizativa e administrativa, em que o Professor *José Francisco Siqueira Neto* (pág. 220): 'Autonomia organizativa é o poder das associações de autodeterminar suas próprias regras fundamentais, cujo exercício se processa basicamente por intermédio dos atos constitutivos e dos estatutos. No rol dos assuntos concernentes a este tipo de autonomia, situam-se, dentre outros menos relevantes, a escolha do nome e da sede da entidade, a esfera (enquadramento) de representação, o tipo de organização, o âmbito territorial das entidades, a consagração do princípio eletivo e da maioria, o número de representantes, a eleição dos representantes, o processo eleitoral, a articulação em níveis superiores (federações e confederações nacionais e estrangeiras), e a fiscalização por parte dos associados das finanças do sindicato.

Já a *autonomia administrativa*, por seu lado, é a condição de legitimidade da vida do sindicato, consistente na faculdade das organizações de determinar os seus órgãos e suas respectivas funções, seus *quoruns* deliberativos, tipos de eleições e processo eleitoral, direitos e deveres dos associados, procedimentos de reforma estatutária, gestão econômico-financeira. Trata-se, enfim, esse aspecto da autonomia da chamada democracia interna, que como tal *deve ser decidida pelo grupo e não pelo Estado*. **Neste caso, ao Estado cabe a defesa das regras do jogo, e não do conteúdo das** *regras*, o que significa, por exemplo, que o Estado deve respeitar uma disposição estatutária que exclui a participação no processo eletivo e decisório daqueles que rejeitam o princípio da maioria.'"].

Finalizando a obra em questão, torna-se obrigatório dar especial relevo às considerações do consagrado mestre do Direito, Prof. Dr. *Octávio Magano*, em suas considerações intituladas "Modelo Político e Atividade Sindical" (págs. 284-288), **com imprescindíveis grifos nossos, em face de sua notável exatidão,** proeminência e **absoluta convergência com o pensamento deste modesto autor e, fundamentalmente, pelas razões que inspiraram a elaboração deste livro:**

["(...) Quando se fala em autonomia coletiva, o que se quer significar é o poder atribuído às entidades sindicais de auto-regrarem os próprios interesses, o que se harmoniza com o princípio de pluralismo político estabelecido no art. 1º, V, da Constituição.

Essa autonomia precisa ser incentivada porque, lamentavelmente, a tradição do Direito do Trabalho brasileiro é intervencionista, dadas as suas origens corporativistas.

Realmente com a promulgação da Constituição de 10 de novembro de 1937, implantou-se no Brasil regime claramente inspirado no fascismo italiano de *Benito Mussolini*, bem caracterizado neste enunciado:'Tutto nello Stato, niente contro lo Stato, nulla di fuori dello Stato' o que, na prática, se traduzia na idéia de que 'lo Stato coincidesse col governo, mettendo sotto controllo ogni struttura pubblica e ogni manifestazione della vita nazionale'.

No Brasil, a mesma diretriz foi adotada por Getúlio Vargas, que criou legislação trabalhista aparatosa e rígida, mas ao mesmo tempo farisaica, dado que sempre ficou no mercado clandestino de trabalho grande número de trabalhadores.

O modelo getulista, que persiste até os dias atuais, implica, pois, acentuado divórcio entre norma jurídica e realidade econômico-financeira, que não pode deixar de ser corrigido.

As principais correções a que se deve sujeitar dizem respeito a ingredientes corporativistas inseridos na Constituição de 1988, em virtude de *lobby* dos interessados e que assim se especificam: unidade sindical, imposto sindical, poder normativo da Justiça do Trabalho e juízes classistas.

2. O monstrengo da unicidade sindical

A unidade sindical já foi estigmatizada no âmbito da OIT (Organização Internacional do Trabalho) como contrária à liberdade sindical. Em sua linguagem oficial, eis como se pronunciou a referida entidade internacional:'...la unidad del movimiento sindical no debe ser impuesta mediante intervención del Estado por via legislativa, pues dicha intervención es contraria al principio enunciado em los artículos 2 y II del Convenio n. 87'.

A extinção do imposto sindical é desejável pelas cinco razões a seguir enumeradas.

A primeira delas diz respeito à **antinomia existente entre eles e o modelo de democracia pluralista, em que os grupos profissionais devem atuar autonomamente, sem paternalismo estatal.**

A segunda razão corresponde à **necessidade de democratizar os sindicatos, quer dizer, fazer com que as diretorias respectivas fiquem, cada vez mais, na dependência da vontade dos membros da categoria, o que só ocorrerá quando as receitas sindicais tiverem caráter autônomo.**

O terceiro motivo revelador da conveniência da supressão da contribuição sindical, diz por um lado, **da necessidade de se aliviarem encargos dos trabalhadores e, por outro lado, de se reduzirem custos das empresas.**

A quarta razão razão consiste **na inclusão do Ministério do Trabalho, como parte beneficiária da contribuição sindical, o que está claramente em testilhas com a regra do art. 8º, da Constituição, proibidora de interferência do Poder Público na organização sindical.**

A quinta razão indicativa da conveniência da extinção da contribuição sindical **decorre de sua incompatibilidade com os pressupostos da liberdade sindical, tal como reiteradamente enunciado pelo Comitê de Liberdade Sindical, da Organização Internacional do Trabalho.**

A supressão do poder normativo da Justiça do Trabalho se recomenda porque o seu exercício, durante longos anos, não o exaltam, antes o depreciam, não só por ser fator que desestimula o processo de negociação coletiva, mas também porque implica frenqüentemente intervenções atabalhoadas na ordem econômica e social. Ainda recentemente a OIT dirigiu-se ao Governo brasileiro pedindo medidas 'com miras a la modificación de la legislación com objeto deque el sometimiento de los conflictos colectivos de intereses a las autoridades judiciales sólo sea posible de común acuerdo entre las partes o bien en el caso de servicios esenciales en el sentido estricto del término (aquellos cuya interrupción podría poner em peligro la vida, la seguridad o la salud de la persona en toda o parte de la problación)'.

Em vez do exercício do poder normativo, o que se preconiza é o estímulo aos procedimentos de autocomposição, tais como a contratação coletiva, a mediação, a conciliação e a arbitragem.

Tais procedimentos são os que melhor se harmonizam com a tendência moderna no sentido da globalização e que exige flexibilização por parte das unidades produtivas. Só assim poderá o Brasil ingressar sobranceiro no próximo milênio.

'(...) O Direito precisa, portanto, flexibilizar-se, passando a tecedura das relações trabalhistas a ser incumbência prioritária dos parceiros sociais, salvo no que respeita às regras concernentes à preservação da integridade psicossomática dos trabalhadores e às de proteção da infância e dos adolescentes, que devem continuar sob a responsabilidade preponderante do Estado. Na área social, é mister ainda que este redobre esforços no sentido de desenvolver procedimento educacionais, a fim de evitar a marginalização dos trabalhadores em virtude da expansão da tecnologia.]'".

Outro excelente texto que também merece ser revivido é o de autoria do ex-ministro do Trabalho e atual presidente do Tribunal Superior do Trabalho, Dr. *Almir Pazzianotto Pinto*. Trata-se do artigo "Liberdade e imposto sindical" originariamente publicado no "Jornal da Tarde de 26-5-1994, e republicado em sua apreciada obra "A velha questão sindical... e outros temas", Editora LTr, 1995, páginas 158-160:

["Muito tempo antes da vigência da Consolidação das Leis do Trabalho, aprovada por Getúlio Vargas em 1º de maio de 1943, existia vida sindical livre e inteligente no Brasil. As duas primeiras legislações relativas à matéria foram o Decreto n. 20.979, de janeiro de 1903, facultando aos profissionais da agricultura e industriais rurais a organização de sindicatos para defesa dos seus interesses, e o Decreto n. 1.637, de janeiro de 1907, relativo à criação de sindicatos profissionais e sociedades cooperativas. Ambos previam autonomia de organização (também aceita pelo Código Civil de 1916) e liberdade de filiação, princípios adotados meio século depois pela Organização Internacional do Trabalho.

Após estes Decretos, tivemos as Leis de 1931, 1934, 1939, a CLT de 1943 e finalmente, a Constituição de 1988, cujo artigo 8º, contendo aspectos inovadores, está à espera da indispensável regulamentação.

Esta introdução pareceu-me oportuna, pois permite lembrar que também em nosso País o sindicalismo surgiu com naturalidade e se desenvolveu com rapidez antes da criação do imposto sindical e mesmo antes que o Decreto-lei n. 1402, de 1939, facultasse a imposição de contribuições aos integrantes das profissões ou categorias representadas, passando a independer das mensalidades dos associados.

Sei da existência, em Belém do Pará, de sindicato de trabalhadores nas indústrias da construção e do mobiliário fundado em 1906, e conheço outros que surgiram na década de 30. *José Albertino Rodrigues*, em sua obra 'Sindicato e Desenvolvimento no Brasil', revela a evolução do sindicalismo, que passaria de 372 entidades em funcionamento em 1930 para 1.208 em 1939, números expressivos quando consideramos os dados relativos à população operária naquele período.

A aprovação da CLT em 1943, contendo Títulos com nada menos que cem artigos especificamente dedicados à matéria, simplificando a tarefa daqueles que se propunham organizar a vida associativa. Por outro lado, garroteou o esforço voluntário de trabalhadores e patrões, colocando-os, a partir daí, sob rígido controle do Ministério do Trabalho.

A outorga do imposto sindical constituiu-se, disseram *Evaristo de Moraes Filho* e outros estudiosos do assunto, no preço da submissão ao Governo: "Pobre sindicato — escreveu o jurista carioca- quem te mandou pedir *prerrogativas da autoridade pública*. Em paga, sentia-se o legislador ordinário de 19239 a 1943 com o direito de escravizar totalmente a entidade sindical.

Do ponto de vista democrático, a imposição de cotas obrigatórias a trabalhadores e empresários que não se sindicalizaram constitui inaceitável violência. Além disso, na medida em que se valem de pagamentos compulsórios, essas entidades deveriam sentir-se moralmente impedidas de aplicar o dinheiro em outras atividades que não as que tragam benefícios diretos aos não associados. Todavia, não é o que ocorre, pois a manutenção de dirigentes em número superior às necessidades e o financiamento de campanhas eleitorais sindicais e de candidaturas político-partidárias estão sendo feitos com verbas com verbas arrecadadas de não associados.

Entendo ser impossível a dissolução da atividade sindical da vida política. Entretanto, para que a presença dos sindicatos nas esferas partidárias se faça de maneira ética e legítima é fundamental que resulte da vontade dos associados e dos recursos que vierem a fornecer espontaneamente.

Restabelecida no Brasil a democracia, não se pode aceitar que o sindicalismo mantenha laços com o autoritarismo, beneficiando-se da falsa unicidade e de contribuições deduzidas dos salários da maioria que prefere se manter apartada do sindicato único.

A defesa das contribuições pagas por categorias é bandeira de dirigentes que se valem das entidades que controlam, em benefício de interesses pessoais ou dos partidos políticos aos quais estão vinculados.

Se estamos comprometidos a passar o Brasil a limpo, não nos devemos deter diante dos privilégios injustamente conferidos ao sistema sindical confederativo, os quais não conhecem nenhum paralelo em nossa sociedade."].

Após essas invulgares manifestações, que dispensam quaisquer considerações adicionais, pouco ou nada deve ser acrescentado a tudo aquilo que já foi por nós salientado sobre a unidade sindical.

Conclusão óbvia: De menos de 5 mil entidades sindicais, a Constituição brindou o País com o surgimento de pelo menos mais 14 mil novos sindicatos, que surgiram não como uma opção de serem agremiações alternativas às existentes, fundadas com o fito de trazer um leque de bons serviços às suas coletividades de contribuintes. Isso seria profundamente auspicioso e salutar se premiasse os saudáveis princípios da autonomia sindical, que, dentre salutares e profiláticos princípios não contempla excrescências como o imposto sindical.

Nada disso. Vieram à cena basicamente para disputar com as entidades existentes uma fatia de sua arredacação. Em síntese: de olho nas contribuições obrigatórias pagas pelos contribuintes.

E já não bastassem todas as demais contribuições já existentes, foi-nos imposta mais uma, constante do artigo 8º, inciso IV: "A assembléia geral fixará a contribuição que, em se tratando de categoria profissional, será descontada em folha, para custeio do sistema confederativo da representação sindical respectiva, independentemente da contribuição prevista em lei".

Evidentemente que a reforma sindical, não pode ser apartada da reforma trabalhista.

Como inexistia, como até hoje, a eterna falta de vontade política, o Estado tratou de procrastinar, de empurrar com a barriga.

E o que desabrochou foi essa verdadeira colcha de retalhos.

Ao mesmo tempo em que o Estado anunciava desatrelar-se da vida sindical, já que o inciso I do dito artigo 8º proclamava solenemente que: "A lei não mais poderá exigir autorização do Estado para fundação de sindicato, ressalvado o registro no órgão competente, vedadas ao Poder Público a interferência e a intervenção na organização sindical". Na realidade, caracterizava-se uma tirana ambigüidade: o Estado continuaria não só a contemplar-se com o percentual de 20% de cada contribuição sindical recolhida no País, como também, e com base no "ressalvado registro no órgão competente", criaria em 21.3.90, por meio da Instrução Normativa n. 9, o Cadastro Nacional das Entidades Sindicais, sediado no Ministério do Trabalho. Sucedeu-se a Instrução Normativa n. 1, de 27.8.91, a Instrução Normativa n. 3, de 10.8.1994 e a Portaria n. 85, de 27.1.1997, todas elas revogadas pela vigente Instrução Normativa n. 1, de 17.7.1997.

Na prática, o registro sindical continua sob a tutela do Secretário de Relações do Trabalho, do Ministério do Trabalho, que, por sua vez, continua agente partícipe do rateio da contribuição sindical, antes sob o rótulo "Conta Especial Emprego e Salário" e hoje para o "Fundo de Amparo ao Trabalhador — FAT".

Pergunta-se: Substancialmente mudou o quê?

3. O surgimento de falsas entidades sindicais e as vicissitudes dos sindicatos legais e representativos

Em função dessas brechas e lacunas, ocorreu um surgimento indiscriminado de novos sindicatos, e que acabou gerando um tremendo pesadelo às entidades sindicais verdadeiramente representativas e legalmente constituídas, principalmente no âmbito das micro e pequenas empresas.

É que começaram a surgir sindicatos que simplesmente passaram a registrar seus atos constitutivos em Cartórios de Registro de Pessoas Jurídicas, na maioria das vezes com falhas deliberadamente gritantes. Na qualificação de seus diretores, eles identificavam-se simples e genericamente como "empresários", fazendo constar somente o número do RG, omitindo o CPF. Além de não pertencerem à categoria econômica, os espertalhões dificultavam quaisquer investigações, inclusive as de nível policial. A lei de registros públicos obriga o visto de advogado, inclusive com menção do número de registro na OAB em qualquer ato constitutivo. O autor pode atestar que vários desses registros que passaram por suas mãos não continham essa obrigatoriedade.

Se para obter o número de matrícula na Caixa Econômica Federal, para fazê-lo constar nas guias de recolhimento da contribuição sindical e, dessa forma, habilitar-se ao rateio da referida contribuição, via de regra essas entidades sindicais "fantasmas" nem perdiam tempo com isso. Obtido o registro em Cartório de Títulos e Documentos e o CGC (que possibilitava abertura de conta bancária) imediatamente passavam a expedir boletos de cobrança de contribuição "confederativa" ou assistencial. Ora, como podiam cobrar contribuição confederativa se nem eram filiadas ao sistema confederativo, ou seja, à federação ou confederação.... Muitas delas até sem registro no Cadastro Nacional das Entidades Sindicais do Ministério do Trabalho.

Em muitos casos, a ousadia, o atrevimento e a certeza da impunidade eram tantas, que expediam também boletos de contribuição sindical. Só que pagável em determinado banco, cuja receita ia diretamente para sua conta corrente. Ou seja, sem o repasse do banco à Caixa Econômica Federal para o reparte que somente a CEF pode fazer, com base no código da entidade sindical: 60% para o Sindicato, 20% para o Ministério do Trabalho (FAT), 15% para a Federação e 5% para a Confederação.

Episódios verdadeiramente surrealistas e aos milhares ocorreram e de forma desenfreada, com inúmeras e sucessivas repercussões na mídia. Até o mais afamado noticiário televisivo do País, o "Jornal Nacional" da Rede Globo, chegou a dedicar mais de 10 minutos em algumas de suas edições, repercutindo e esmiuçando detalhes dessa malandragem.

Com as portas abertas para a fraude, seguiu-se a óbvia e desenfreada picaretagem, cujo lema desses bandoleiros que passaram a agir no campo sindical sempre foi lastreado "no que cair na rede é peixe". Evidentemente, como não poderia deixar de ser, o maior lesado continuou a ser o contribuinte, que passou a sentir na carne a fragilidade do sistema. E como já não nutria grande simpatia pelo sindicato, a desconfiança passou a ser uma constante advindo daí sua ojeriza pela vida sindical.

Outros componentes também se encarregaram disso, especialmente a sobreposição de contribuições: sindical, confederativa, assistencial, além da associativa.

Como se conclui, o Estado perdeu sua maior oportunidade de fortalecer o sistema sindical, tivesse banido a unicidade. Os chamados sindicatos de "gaveta" já teriam desaparecido, como desaparecerão no momento em que a unicidade acabar de direito. Só que agora a situação é de terra devastada. O "mercado" aprendeu a se defender. Dificilmente o contribuinte continuará pagando contribuição de qualquer espécie, sem retorno. Enfim, essa é uma estrada sem volta.

Os ônus decorrentes do pecado da crônica omissão, desinteresse pela evolução, modernidade e alcance da verdadeira liberdade sindical será pago pelo Estado, que, além disso, ficará cada vez mais desprovido dos valores pecuniários oriundos da contribuição sindical.

4. Os pecados que serão purgados pelo Estado e pelas entidades sindicais; as soluções que deverão ser dadas pelo "mercado"

Aos sindicatos caberá purgar o pecaminoso vício, arraigado ao longo desses 60 longos anos, de nunca ter-se dedicado com vontade e seriedade na angariação de associados espontâneos, primeiro porque o dinheiro fácil da contribuição obrigatória dispensava essa tarefa de conquistar associados; o orçamento já estava garantido, e segundo porque politicamente isto era visto como um "mau negócio", não só porque aumentaria o *quorum* de assembléias e eleições, tornando dificultosa as "manobras" de sempre, como, é claro, ampliaria o número de possíveis candidatos a cargos eletivos, que a classe dominante sempre quis preservar. Quem é do meio sabe disso. Destarte, perderão tempo os dissimuladores de plantão em negar essas manjadas e cristalinas evidências.

Como já estamos vivendo a inversão do processo até então dominante, é fácil vislumbrar que o contribuinte começa a dar o troco. Os sindicatos, cada vez mais descapitalizados — muitos até à beira da ruína — desenvolvem verdadeira caça, tentando atraí-los, porém, sem apresentar nenhuma mudança de comportamento diretivo, muito menos de prestação de serviços. Esses, com certeza, serão os que primeiro vão morrer à mingua.

Não há salvação, senão pelo próprio "mercado". O Estado, apesar da eterna pose senhorial, é absoluta e confessadamente impotente para reverter esse quadro. Como já foi dito, enfatizado e reiterado: o sistema vigente é um cadáver insepulto. Não será pela pena do Poder Público que ele ressuscitará. Pode mudar o nome, o rótulo, que não irá alterar o deteriorado conteúdo. Ninguém mais aceita contribuição compulsória, obrigatória, impositiva.

Em decorrência, o associativismo será a única alternativa. Trabalhoso, que exigirá muito trabalho, competência, perseverança, e, acima de tudo, desprendimento, para o alcance de resultados por etapas. Atributos que, convenhamos, muitos dos atuais dirigentes sindicais não possuem, encastelados que estão no poder — alguns há décadas — julgando-se "donos" do seu sindicato e achando que ainda fazem um grande favor às suas categorias, por julgarem-se insubstituíveis.

O sindicato do futuro exigirá dirigentes capazes, equilibrados e que, na verdade terão de se doar ao sindicato. As compensações de hoje, em forma de moderadas a vultosas verbas de representação e outras similares, tendem — senão acabar, pelo menos serem sensivelmente diminuídas — por falta dos fartos recursos que até pouco tempo abasteciam os cofres sindicais. A surrada justificativa de que ditas compensações procediam e justificavam-se porque seu presidente ou seus principais diretores dedicavam tempo integral ao sindicato, também não encontrará mais eco.

O sindicato precisará de dirigentes capazes, com vontade de trabalhar e praticamente sem nenhum tipo de compensação, não só pela diminuição drástica dos recursos, como também porque será exigida maior transparência nas despesas da entidade. Por extensão, quem ocupar cargo de direção terá de sujeitar-se às novas regras. Isso ajudará a alijar os que se perpetuam no poder, inibindo o continuísmo, praga tão perniciosa quanto entranhada no sindicalismo brasileiro.

Quanto às receitas, é claro que serão de volume menor que as atuais. Basicamente serão as originárias das contribuições espontâneas e da geração de serviços prestados à coletividade. Todavia, desde que os dirigentes trabalhem em consonância com as necessidades do setor, não acreditamos que faltarão recursos para o desenvolvimento da entidade.

Poderá estar nascendo aí o cognominado "Condomínio Sindical", cujas adesões crescerão progressivamente, desde que haja trabalho sério, estóico e perseverante.

Até porque não devemos esquecer que o extremado nível de inadimplência que atinge as entidades sindicais brasileiras é resultante — dentre outros fatores — da inércia da entidade.

Desde que o sindicato trabalhe em favor do associado, o fluxo de recursos crescerá e assim, gradativamente irá melhorando a saúde financeira do sindicato.

Identicamente vale lembrar que o melhor vendedor do "produto" sindicato chama-se emulação. Se ele é bom para meu colega, será bom também para mim. Assim como o sindicato não mais me toma o mais ínfimo valor que seja de forma coercitiva, estou predisposto a pagar um valor consideravelmente maior, espontaneamente, desde que o sindicato seja atuante e os serviços por ele prestados me traga retorno.

É claro que o termo retorno não significa necessariamente só ter proveito material. Afinal, qual o dever primacial de um sindicato senão o de ser o órgão de representação e de proteção legal da categoria. Esta é uma atividade institucional. Mas será que os sindicatos cumpriam efetivamente com sua missão basilar?

Será que eles realmente eram receptivos aos interesses maiores da categoria?

Será que eles trabalhavam pela aglutinação, pelo fortalecimento da classe?

Será que a sua missão prioritária de ampliar o quadro social, possibilitar a ascensão do associado dentro da entidade a nível inclusive de candidatar-se a cargo diretivo era levada a cabo?

Afinal, o companheiro era mesmo colega, ou era considerado como um mero rival?

Será que o sindicato não era tido como "propriedade" de alguns poucos, que se lembravam dos companheiros somente na hora de verificar se ele não estava em dia com a tesouraria?

Será que a diretoria não contemplava medidas que beneficiavam apenas um ou mais grupos dentro do sindicato, em detrimento da grande coletividade, numa autêntica prática de atender às reivindicações da elite, mas cobrar com rigor a contribuição dos chamados "deserdados", que deveriam somente fazer número, pagar contribuições e não ficar fazendo postulações consideradas como descabidas aos membros diretivos?

Será que estes só eram lembrados para — como autênticos "inocentes úteis" — comparecer às assembléias somente para assiar o livro de presença, dar *quorum*, e depois engolir goela a dentro o prato feito, condimentado de decisões adredemente tomadas pela eterna minoria pertencente à chamada "classe dominante"?

Será que toda a coletividade associativa recebia de forma habitual os balancetes de receita e despesa, assinados pelo Conselho Fiscal, tendo, pois, conhecimento da vida financeira da entidade?

Será que todas as principais despesas, especialmente as atinentes à compra de materiais, impressos, serviços contratados, etc. eram objetos de cotação com pelo menos 3 (três) fornecedores, como manda o mais comezinho processo de diafaneidade administrativa?

Será que as viagens de membros diretivos para congressos e encontros ditos e rotulados como do interesse do setor, no País e no exterior, tinham mesmo a importância que lhes eram atribuídas para a categoria, ou seriam apenas artifícios para deslocamentos turísticos? E se de fato tinham, as conclusões desses eventos foram transmitidos, em detalhes, para a categoria, para que todos conhecessem sua serventia?

Aqui caberiam muitas mais indagações, as quais, a exemplo das acima, talvez ficassem sem a devida resposta, mas que, com certeza, o associativismo, que será o verdadeiro sucedâneo desse sindicalismo que aí está (e que, entre outros "vícios" resvala no limbo da tirania e da hipocrisia de uma minoria) se incumbirá de higienizar.

Todas essas considerações conduzem ao produto maior, que hoje é pouco observado ou respeitado na vida sindical. O maior mandatário do sindicato é a sua coletividade, a sua assembléia geral. Mas com raríssimas exeções, o que se constata é o inverso, isto é, prevalece a vontade da minoria em detrimento da maioria.

5. O futuro do sindicalismo no Brasil

Da mesma forma, isso vai acabar. Como já apontamos, o sindicato terá de ser gerido de fora para dentro. Seus dirigentes serão os condutores da política ditada pela maioria, bem como as metas de conquistas deverão estar focadas dentro desse diapasão.

Essa é, aliás, a linha mestra que fundamenta o conceito do associativismo, onde deve prevalecer o interesse da maioria. Se isso não ocorre, o interessado simplesmente se retira. E se permanece, ele precisa ser fidelizado.

Daí a máxima que lanço um repto público a todos aqueles que desejarem refutá-la: **o associado captado hoje e insatisfeito amanhã, será o mesmo inadimplente de hoje.**

Pelas mãos do dileto amigo Vinícius Bruno Arrivabene, um dos titulares do Escritório de Contabilidade Arrivabene, ainda sob a batuta do veterano, porém e lúcido e sempre respeitável mestre Olintho (um exemplo de homem de caráter e dignidade como poucos) e de seus filhos, o já citado Vinícius e Norberto e de seu genro, Mário Alberto, que desenvolvem a mais antiga, afamada e reputada organização contábil brasileira especializada em serviços contábeis prestados somente a entidades sindicais, localizada em São Paulo e responsável pela escrituração de centenas de sindicatos brasileiros, recebi importante colaboração a este livro dada pelo eminente Dr. *Vicente da Costa*, Mestre em Sociologia e Doutor em Política pela PUC-SP, e Consultor do Sindicato dos Empregados Vendedores e Viajantes do Estado de São Paulo, que tem por título *"O futuro do sindicalismo no Brasil":*

["O sindicalismo como força organizada de trabalhadores foi produto histórico da luta de interesses entre capital e trabalho. Portanto, representa uma força social legítima. Sua evolução no mundo apresenta várias versões de mesma essência: O arranjo político de interesses organizados dos trabalhadores.

Tratou-se de um produto espontâneo da história, ainda que socialmente produzido e conduzido. A liberdade de ação foi sempre um pressuposto de sua organização. As situações políticas nacionais que envolveram as várias formas de luta sindical provocaram resultados locais que, muitas vezes, se caracterizaram por enquadramentos institucionais do tipo fascista.

Este foi o caso brasileiro. O Brasil, de capitalismo retardatário e periférico, através de sucessivas ondas autoritárias desde os anos 30, passando pela era Vargas do sindicalismo institucionalizado pelo Estado, chegou aos anos 80, quando a ideologia de mercado livre reassumiu as velhas bandeiras do século passado.

Daí para frente muita coisa mudou. O surgimento das Centrais Sindicais e o seu convívio conflitivo com a rede institucional formal mostraram aspectos inovadores nesse campo de luta social de interesses. Contudo, não foram capazes de impedir a avassaladora conseqüência de desemprego causado pela inovação tecnológica, liberação dos mercados nacionais e pelas recessões econômicas receitadas como terapia (pelo FMI, ou, em outras palavras, pelas forças dominadoras do capital internacional) a pretexto de reverter o processo inflacionário dos países envolvidos e buscar o equilíbrio fiscal dos mesmos.

Daqui para o futuro o que se pode esperar? Como se percebeu, o impacto do desemprego paralisa as forças do trabalho, retirando-lhes a base essencial, a capacidade de união em torno do bloqueio da produção caso não tenham suas reivindicações atendidas.

O que fazer? De novo, tal questão centenária ressurge ante as lideranças sindicais conscientes de sua missão.

Aqui no Brasil, os sinais são de busca de novas estratégias pelas centrais sindicais. Deixam suas posições tradicionais para situar-se junto à evolução inovadora das tecnologias, adotando o discurso e as práticas de reeducação de seus trabalhadores e 'compreendendo' melhor as razões dos empresários que buscam atingir níveis de produtividade necessários ao crescimento econômico. Assim, aproximam-se do jogo político dos governos do dia para conseguir dele parte dos fundos financeiros dos trabalhadores em seu benefício e de seus projetos.

Quanto à rede institucional, em sua maior parte vive inercialmente da contribuição compulsória, questionada pelo atual governo que busca sua extinção. Os exemplos de eficácia na aplicação dos recursos compulsoriamente pagos pelos trabalhadores são escassos. Assim, os sindicatos sobrevivem economicamente.

Mas o fato é que os sindicatos e as centrais, juntamente com as federações e confederações constituem, em conjunto, os canais políticos à disposição dos trabalhadores, ainda que parcialmente ociosos, do ponto de vista da luta efetiva por seus interesses.

O futuro é imprevisível. Sobretudo quando se percebe o crescimento do trabalho informal e a imensa legião de desempregados.

A chave da resposta está na participação. Da mesma forma que o cidadão brasileiro (e não somente ele, de outros países também) não percebe a importância da participação na política, os trabalhadores em sua imensa maioria aceitam o jogo da individualidade na luta por interesses comuns. Aí o trabalhador perde, pois a força do empresário é sempre organizada e muito mais potente.

Da mesma forma que no passado, o presente aguarda a espontaneidade da ação política de lideranças trabalhadoras frente aos fenômenos da produção de mercado, a fim de que se defina uma nova história do trabalho.

Como em toda questão política, é o pragmatismo de seus participantes que indica os caminhos a seguir".].

Com os profundos agradecimentos ao caro Dr. *Vicente da Costa* por seu precioso enfoque, que merece profunda reflexão ante a indiscutível clareza e legitimidade contida em seu texto.

Realmente, torna-se imperioso o empenho de vencer a barreira definida em sua feliz e reveladora frase: *"A chave da resposta está na participação"*.

Com efeito, acreditamos que somente com o despertar dessa consciência e acolhido esse verdadeiro chamamento à salutar participação na vida associativa dos sindicatos é que veremos despontar novas e imprescindíveis lideranças, de vanguarda, que pugnando no âmbito da representação sindical não só por justas melhorias e conquistas inerentes à sua coletividade, poderão alargar esse desempenho na vida política nacional, também tão carente de sangue novo e puro, num processo de verdadeira e necessária transfusão purificadora, que este viciado e repetitivo processo de hemodiálise a que estamos submetidos não mais consegue depurar.

Oxalá, surjam e multipliquem-se novos e conscientes líderes, hoje muito provavelmente tolhidos e relegados a plano inferior pelas minorias, usualmente infensas à progressão das idéias que conduzam às transformações e que os antolhos da retrogradação que fazem questão de nunca arrancar da face e que — quer seja por teimosas, surradas e anacrônicas filosofias de antanho ou ainda por determinadas conveniências próprias, não importa — não lhes permite a desejável agudeza de percepção exigida pelas evoluções ditadas pelo novo milênio.

Na conclusão deste capítulo, atentem para a douta, fluente e precisa visão comparativa entre a unidade e a autonomia sindical, na ótica do Dr. *Antônio Álvares da Silva*, Juiz togado do TRT da 3ª

Região e Professor titular da Faculdade de Direito da UFMG, em "Direito Sindical Brasileiro — Estudos em homenagem ao Professor Arion Sayão Romita", com a coordenação de Ney Prado, Editora LTr, 1998, páginas 65/69, citando as definições de *Mozart Victor Russomano*, em "Princípios Gerais de Direito Sindical", Rio, Editora Forense, 1997, pág. 81:

["(...) A questão que a unicidade e a pluralidade suscitam, referem-se ao âmbito da representação.

Os sindicatos, por serem livres, escolhem a forma que entenderem melhor para organizar-se. Os critérios que se observam no Direito Comparado são vários e atendem às circunstâncias históricas e aos interesses políticos de cada país — profissão dos trabalhadores, empresa, ramos de atividade econômica exercida pelo empregador, etc.

Uma vez organizados, atuam na defesa dos interesses dos filiados, como representantes ou substitutos, para defender-lhes os interesses através da negociação de normas e condições de trabalho, que vão repercutir nos diferentes contratos individuais.

Delimitados os critérios da organização, o modo e os limites territoriais de atuação, surge o seguinte problema: a representação vai ser exercida por um ou por vários sindicatos? E assim se coloca a controvérsia sobre a unidade e a pluralidade sindical.

Pelas idéias anteriormente expostas, deduz-se com facilidade que a questão se coloca fundamentalmente como corolário da liberdade sindical. Sendo livres, os sindicatos é que vão decidir sobre o modo de atuação que entenderem mais conveniente para a defesa dos interesses de seus filiados.

Entre as opções desta atuação está a de saber se na empresa (quando organizados por empresas), se na categoria, quando organizados por profissão ou se, nos limites do ramo de atividade empresarial, quando organizados pelo critério da atividade econômica da empresa, deve haver apenas um ou vários sindicatos para vincularem os interesses profissionais e econômicos de empregadores e empregados.

Esta escolha, que está nitidamente dentro dos interesses e da estratégia dos sindicatos, deve ser assumida por eles próprios, com os ônus e bônus da opção.

A atuação do sindicato único fortalecerá a atividade, concentrará os interesses, evitará a dispersão e a concorrência entre iguais, organizará os filiados com exclusividade para, no caso de greve, aumentar o mecanismo de pressão.

Entretanto, como em todas as instituições culturais, há o efeito reverso e prejudicial. Sendo único, o sindicato se acomoda. Tem garantida a representatividade e não precisa lutar pela filiação. Não havendo concorrência, não há aperfeiçoamento pois a lei lhe garante o monopólio da ação exclusiva sem disputa.

Mozart Victor Russomano em "Princípios Gerais de Direito Sindical", Rio, Forense, 1997, pág. 81, analisando a questão, alinha os argumentos pró e contra a unidade sindical e se manifesta pela pluralidade.

Tem ele razão. Os argumentos contrários por ele apontados são os seguintes:

a) limita a liberdade sindical;

b) o sindicato único e oficializado é produto artificial da lei, deixando de ser fruto de um movimento cheio de espontaneidade e palpitações;

c) torna-se presa fácil da voracidade intervencionista do Estado que tende a fortalecer seus órgãos executivos;

d) estimula a profissionalização dos dirigentes sindicais;

e) cria desconfianças, no espírito do trabalhador, quanto à independência, à altivez e à serenidade de suas resoluções.

Todas essas objeções procedem. A liberdade sindical fica de fato limitada porque a unidade não provém da vontade dos sindicatos, mas da imposição da lei. Torna-se assim uma criação jurídica e não uma criação social.

O fortalecimento de seus órgãos executivos, frutos da voracidade intervencionista do Estado, facilita a criação de sindicatos artificiais e sem representatividade. Servem mais a interesses corporativistas de que os dirige. Por isso, estimulam a falsa profissionalização de seus dirigentes e provocam um distanciamento e, ao mesmo tempo, uma desconfiança, das bases com direção. A desconfiança é a conseqüência.

Já os argumentos favoráveis apontados são estes:

a) a pluralidade quebra a unidade da classe operária;

b) estimula a luta entre os sindicatos e, por extensão, entre seus dirigentes e associados;

c) a vaidade ou ambição de seus líderes, quando feridas, levam à formação de sindicatos dissidentes numerosos e desnecessários;

d) todos estes fatores contribuem para o enfraquecimento da luta operária e do próprio sindicato, representando assim um desvirtuamento histórico do sindicalismo;

e) pressupõe, em certos momentos cruciais, a declaração da entidade mais representativa, de modo a que os sindicatos fiquem divididos em duas categorias, uns em detrimento dos outros, o que pode fazer com que os trabalhadores abandonem os sindicatos mais fracos, ingressem no sindicato poderoso, daí resultando, na prática, o sindicato único que se quer evitar.

Estas objeções são facilmente respondíveis.

Argumento sub a): a pluralidade sindical não quebra a unidade da classe operária porque, havendo liberdade sindical, os sindicatos podem se unir a qualquer momento, constituindo uma unidade para efeito de declaração de greve ou negociação coletiva.

Argumento sub b): pelas mesmas razões, só haverá luta se os sindicatos concorrerem entre si, o que é saudável para seus associados e para a própria democracia. Se entenderem que esta luta é fraticida, podem livremente unificar-se.

Argumento sub c): a formação de dissidências não é um capricho de líderes. Dependem dos filiados que só aderirão ao sindicato se houver planos de ação e de prestação de serviços. A dissidência, por si mesma, não carregará filiação.

Argumento sub d) não há na pluralidade qualquer enfraquecimento da luta operária. Pelo contrário, virá fortalecê-la. Se os sindicatos concorrem é por que se esmeram na prestação de serviço aos filiados, a fim de se tornarem predominantes. Aqui a disputa significa concorrência, o que sempre é salutar no regime democrático. Se a concorrência se torna predatória, então só resta o caminho da união. Caso contrário, ambos se destruirão. É claro que os sindicatos saberão distinguir entre concorrência sadia e autodestruição.

Argumento sub e): se houver abandono do sindicato mais fraco e concentração de filiados no sindicalismo mais forte, isto significa que ele é o melhor. Porém, esta condição é obtida, não por um favor do legislador mas pela efetividade dos serviços prestados. Neste caso, ele é único por merecimento, não por imposição do legislador.

Arrematando sua exposição sobre o assunto, diz *Russomano*:

'Concluimos reconhecendo que não são pequenos os riscos da pluralidade sindical. Mas, haverá outra maneira de salvar a liberdade dos homens, das classes e dos povos, sem enfrentar a ameaça de grandes males?'

Hoje, entretanto, a pluralidade sindical não oferece mais riscos e já é uma idéia vitoriosa em todo o mundo. Não há riscos em relação à pluralidade porque ela, como a unidade, é fruto do exercício da liberdade sindical.

Argumentar nos dias atuais a favor da unidade sindical, como ainda insistem alguns autores, é o mesmo que defender o monopólio na vida econômica alegando que a concentração da proteção em empresas ou grupos consorciados facilita a produção em massa para se atingir o consumidor e, enfim, beneficia a economia e as relações sociais.

Ninguém se convenceria com a falácia destes argumentos e na prática já provou os males de qualquer setor monopolizado. Com os sindicatos não há de ser diferente.

Portanto, não haverá qualquer enfrentamento de grandes males nem está em jogo a liberdade humana. Os fatos já se pacificaram e a verdade reina sem atropelos.

Em conclusão, vê-se que, no plano teórico, a opção de haver apenas um ou vários sindicatos no exercício da representação de empregados ou empregadores, segundo um critério estipulado e numa base territorial escolhida, é assunto afeito à alçada exclusiva de sua liberdade."].

Já quanto a contribuição compulsória, o pensamento de *Antônio Álvares da Silva*, no mesmo texto, é assim exteriorizado (págs. 74/75):

["(...) O fim do sindicato único seria o golpe fundamental que abalaria a estrutura em seus alicerces fundamentais. Se para uma categoria de empregados e empregadores ou em uma empresa deve ou não haver um ou vários sindicatos representativos de empregados e empregadores é questão que ficará exclusivamente a cargo dos próprios sindicatos.

Poderá inclusive ser mantido o princípio do sindicato único. Mas esta opção seria dos próprios sindicatos e não do legislador. Decidiriam dentro das circunstâncias do momento, levando-se em conta os interesses dos filiados, se a representação deveria ser de um ou de vários.

Se a opção fosse para a representação única, o sindicato não teria os defeitos atuais. Saberia que, a qualquer momento, poderia perder a titularidade da representação. Teria a certeza de que a situação só se manteria se houvesse serviço e trabalho prestado.

Da mesma forma, com a pluralidade. No instante em que os sindicatos decidissem que a fragmentação era um mal e que a concorrência, em vez de benéfica se tornou predatória, a unidade seria buscada como opção livre, para melhor consecução dos objetivos da representação.

Nada mais lógico e fácil de ser doutrinariamente percebido. O equívoco se mantém porque os sindicatos brasileiros desejam a manutenção do estado atual. É hora do legislador intervir para exterminar de vez com o erro histórico.

A extinção da contribuição sindical — que teria uma conseqüência natural do fim da unicidade — completaria a grande mudança natural do fim da unicidade — completaria a grande mudança pois retiraria a base financeira da estrutura viciada e corporativa.

A sobrevivência financeira dos sindicatos seria garantida pela contribuição dos próprios associados. Assim, haveria controle da base sobre a cúpula e controle sobre a prestação de serviços. O filiado pagaria de acordo com o serviço que lhe fosse prestado.

É claro que haverá uma derriça em massa dos sindicais pelegos e a fulminação definitiva dos sindicatos formais. Porém, nem o País nem os trabalhadores nada perderão. Sindicatos pequenos, inexpressivos, formais e sem representatividade não são sindicatos. É melhor mesmo que morram pois assim a Nação ficará livre de instituições inúteis que só existem para usufruir vantagens e não para prestar serviços. Será mais um golpe contra o corporativismo no País.

(...) Com o rompimento da unidade sindical, todas estas medidas complementares virão naturalmente e modernizarão o sindicalismo brasileiro.

Já dissemos em outro livro que "o futuro das instituições nada mais é do que a capacidade de fazê-las reviver em outro tempo, libertar dos erros do passado. Portanto, é hora de corrigir os defeitos e ousar o futuro".

Agora temos a acrescentar que já passa da hora de corrigir os erros. Tememos que o futuro nos encontre de costas para ele."].

Indago do fundo das minhas modestas e limitadas ilustrações sobre a matéria: é preciso acrescentar algo mais a respeito?

CONCLUSÕES

Mediante a definição que nos parece incontestável de que ao sindicalismo brasileiro compete o urgente dever de procurar uma saída e não ficar aguardando indefinidamente por ela, vamos às considerações derradeiras deste livro.

Como não poderia deixar de ser (e demore o tempo que for, seja pela ausência de vontade e do eterno imobilismo do Estado) a definição formal e legal que tarda, outra não será senão a substituição da unidade pela autonomia sindical. Portanto, uma mera questão de tempo.

Isto posto e após o resultante de todo o arrazoado que compôs os capítulos precedentes vamos então, finalmente, nos ocupar de forma prática daquilo que poderíamos recomendar como pequenas dicas para a formulação de uma verdadeira reengenharia operativa, ajudando as entidades sindicais, especialmente do setor patronal (que foi a nossa escola e segmento ao qual estamos vinculados) para tentar superar as adversidades decorrentes da queda de arrecadação, em face da inadimplência que se instalou no sistema em vigor, pelos equívocos, pecados e tudo o mais aqui desfilado.

Em alguns sindicatos essa inadimplência foi vertiginosa e ainda situa-se em patamares bastante elevados. Em outros, em menor escala, todavia, também preocupantes. De qualquer forma, é indubitável que todos sofreram e continuam premidos e convivendo com esse revés.

Na realidade o que mensura essa queda de arrecadação vai desde o fato de as empresas (no caso dos sindicatos patronais) não mais priorizarem o recolhimento das contribuições (desde a compulsória até as demais, discutíveis, porém de cunho impositivo) por problemas de caixa derivados do encolhimento de suas receitas e da necessidade de se reordenarem após devidos "enxugamentos", até a manifesta e explícita intenção de não mais recolher nenhuma contribuição ao seu sindicato, numa verdadeira exacerbação da descrença do contribuinte quanto ao desempenho do seu sindicato, aliado ainda ao fato de achar que esse pagamento não se traduz em nenhum retorno.

Seja qual for a razão dessa recusa, não cabe mais apreciá-la. Compete tentar reverter esse quadro, entendendo-o como um processo instalado, de ordem estrutural, e não como mero fenômeno conjuntural e, como tal, efêmero e passageiro.

Nessas condições, deverá ser adotada uma linha mestra de estratégia de ação, convergindo de forma natural e prioritária para a retomada do associativismo e a prestação de serviços.

É evidente que todas essas sugestões são direcionadas aos sindicatos que desejam mudar a sua postura e a sua linha de conduta e cuja direção tem consciência de que isso precisa ser feito sem demora.

Aos que assim já procederam, nossas efusivas congratulações pela iniciativa.

Aos que acreditam que essas até singelas dicas e sugestões não serão suficientes para melhorar a arrecadação ou àqueles que encontraram melhores caminhos, também parabéns. Afinal, não temos nenhuma varinha de condão.

Ademais, este livro não foi escrito com outro objetivo principal senão o de suscitar a discussão do momento sindical e contribuir para o encontro de soluções. Se as que forem aqui desfiladas forem julgadas insatisfatórias ou até mesmo pueris, paciência. Há um ditado popular que diz sabiamente: "Para grandes males, grandes remédios". Quando falta o medicamento de grande efeito, das duas uma: ou a ciência não chegou à perfeição de inventá-lo ou os responsáveis pelo paciente demoraram demais para levá-lo ao médico. Se o tivessem feito antes, no seu devido tempo, o remédio então disponível provavelmente fosse suficiente para curá-lo.

Não devemos nos esquecer que a legislação sindical não pode ser alterada pura e simplesmente pelo Executivo, sem a aprovação do Lesgislativo, por tratar-se de matéria constitucional. Nessas condições, é quase certo que o setor sindical ainda conviva com essa indefinição durante um bom tempo.

Até que isso aconteça, alguma coisa precisa ser feita imediatamente. Não só no aspecto da preparação de uma nova infra-estrutura diretiva e até administrativa, como também, é lógico, visando melhorar a arrecadação da contribuição sindical, no nível que for possível a cada entidade verdadeiramente expressiva e atuante fazê-lo.

Conseqüentemente, vamos nos ater inicialmente a esse intento inicial de melhorar o aporte de recursos provenientes do incremento de captação da contribuição sindical que, enquanto a lei não for derrogada, continuará sendo compulsória.

Se o contribuinte paga ou não, isto já é uma outra história.

A primeira providência sugerida é a da imediata expedição de uma carta circunstanciada a todo o universo de contribuintes do sindicato (incluindo a parcela daqueles que continuam recolhendo normalmente a mencionada contribuição), aberta e franca, aludindo sobre o delicado momento, referindo-se ao novo direcionamento das atividades do sindicato e, finalmente, chamando a atenção de todos sobre o que representa (em números reais) os referidos recursos, conforme foi amplamente detalhado no capítulo V desta obra. (As contribuições em vigor ameaçadas de extinção e as considerações que mais do nunca precisam ser feitas).

Isso tem de ser do conhecimento de todos os contribuintes da entidade, aos que pagam e aos que deixaram de fazê-lo.

Primeiro, porque é preciso que eles tenham uma visão clara e ampla do que representa o valor que é pago e esse valor traduzido em termos de números reais, que uma vez mais reiteramos o já explicitado naquele capítulo: ao sindicato eficiente, que realmente trabalha por sua categoria, o valor diluído pode ser até insatisfatório ante suas necessidades; todavia, em relação aos ineficientes, será elevadíssimo.

Segundo, por que é hora e vez das entidades sindicais passarem a ter uma relação de nítida transparência com seus contribuintes, o que até aqui pelo menos não acontecia, exceto em casos de raras e honrosas exceções.

O surgimento indiscriminado de milhares de novas entidades sindicais no País após 5 de outubro de 1988, possibilitado pela Constituição promulgada naquela data, ensejou o registro de casos dos mais diferentes matizes. Nem vamos mais perder tempo de enumerá-los, tantos foram os golpes perpetrados contra os contribuintes dos sindicatos, graças às brechas e lacunas propiciadas pela Carta Augusta.

Alguns desses sindicatos chegaram a utilizar-se do expediente de remeter guias de contribuições ameaçando de protesto quem deixasse de efetuar a liquidação na data aprazada, como se recolhimento de contribuição desse naipe fosse equiparado a um título de características mercantis, onde quem comprou determinada mercadoria e não honrou o pagamento pudesse ter seu nome protestado por falta de regularização.

Um verdadeiro absurdo. Caso de polícia!

Todos os episódios conhecidos pelo o autor ficaram impunes — como, aliás, é normal neste País, ajudando a enterrar de forma cada vez mais profunda na vala da devassidão o conceito sindical, já que depois que isso ocorre, que o "estrago" está feito, não adiante muito explicar ao leigo que tratava-se de uma entidade "fantasma". Os bons são equiparados aos demônios.

Nesta nova fase o contribuinte necessitará ser a todo momento estimulado a participar da vida associativa. No fundo ele sabe a importância das conquistas.

Só que até hoje a vida sindical não avançou naquilo que era uma das suas maiores missões, isto é, a conquista de novos e importantes associados espontâneos, engrossando cada vez mais a representatividade do setor e fortalecendo a sua categoria!

E por que isso ocorria? Pelo comodismo proporcionado pelo sistema. Afinal, conquistando ou não associados espontâneos, seu orçamento financeiro já estava garantido com o dinheiro fácil e farto da contribuição obrigatória.

O contribuinte, já normalmente arredio, dificilmente toma a iniciativa de procurar o sindicato. Portanto, necessita ser incitado a todo o momento, até em razão de a entidade necessitar mais do que nunca da sua sindicalização.

Este seria o primeiro e basilar passo.

O imediato reside em melhorar a estrutura do departamento de Arrecadação e Cadastro. Será que em sua entidade ele está bem estruturado do ponto de vista da capacitação profissional dos seus integrantes e dos demais componentes de apoio e logística que devem cercá-lo?

Via de regra as entidades não costumam dar uma atenção maior a esse setor, olvidando-se até da sua transcendência, especialmente nesta nova fase sindical. A estes, fica o alerta: não se esqueçam que a fase de ouro da arrecadação obrigatória é coisa do passado.

Em conseqüência, se isso ainda não foi feito, urge assim proceder. Ele será fundamental daqui por diante. Precisa estar aparelhado e contando com profissionais competentes.

Sindicalismo não é mais para amadores ou improvisadores, e sim para comprovados profissionais. Sérios, competentes e criativos.

Assim, se for o caso, será preciso azeitar a máquina de arrecadação. Daqui por diante, uma comunicação de cobrança ao contribuinte exigirá uma nova roupagem, redigida de forma inteligente e criativa, e não mais como anteriormente, de maneira fria e mecânica. Ainda assim, o pagamento era honrado, exatamente porque vivíamos em outras condições, bem diversas das atuais, quer em termos sindicais ou econômicos.

Aqui, como em praticamente todas as atividades do sindicato do futuro, a ferramenta do marketing é algo absolutamente indispensável.

O chamado *mailing list* das empresas integrantes do seu sindicato (também no caso dos sindicatos patronais) estaria realmente atualizado? Ao longo dos últimos anos sua entidade teria efetivamente se preocupado com este pormenor, extremamente valioso.

Não seria interessante adquirir junto às inúmeras empresas especializadas, hoje existentes no mercado, uma versão dessa listagem, que costuma ser extremamente atualizada, com base no cadastro existente na Junta Comercial, e cujos segmentos disponíveis são identificados pelo código de atividade econômica e cotejá-la com os dados existentes no cadastro do sindicato? Muito provavelmente os resultados serão surpreendentes. Além do mais, a relação custo/benefício resultante costuma ser altamente compensadora, pois o incremento de novos contribuintes pode ser extremamente numeroso.

E ainda com relação a este item: é do conhecimento dos responsáveis pelas entidades sindicais que o "Diário Oficial do Estado de São Paulo" edita semanalmente (todas às quartas-feiras) um caderno especial elaborado pela Junta Comercial do Estado de São Paulo no qual são publicados os principais dados de todas as empresas constituídas nos 15 dias subseqüentes em todo o Estado de São Paulo? Esses dados compreendem a razão social completa, bem como endereço, número do CGC e atividade econômica exercida. Uma boa pesquisa semanal poderá propiciar uma atualização tanto das novas empresas do seu setor de atividade que foram constituídas, bem como daquelas que foram encerradas.

Destarte, basta o recurso de utilização desses dois simples e módicos expedientes para obter-se uma atualização periódica.

Com esse procedimento estará sendo incorporada uma massa adicional de novos e importantes contribuintes, os quais — por sua vez — provavelmente nem sabiam da existência do seu sindicato. Neste caso, a contribuição desse seu representado pode estar sendo canalizada para outra entidade que não a sua.

Outra indicação utilíssima para os sindicatos patronais representativos de pequenas e microempresas: organizar um cadastro dos Escritórios Contábeis que prestam serviços a esse tipo de coletividade empresarial.

Com efeito, a par de sua atuação profissional como prestadores de serviços, os Escritórios Contábeis desempenham uma nobre e relevante missão, de vez que esse tipo de empresário (micros e pequenas empresas) em função do seu porte, não possui serviço de contabilidade próprio.

Em conseqüência, o contribuinte desse perfil tem reconhecidas e naturais dificuldades de identificar o legítimo e autêntico sindicato que efetivamente é o representante legal da sua categoria econômica.

Assim sendo, compete ao Escritório Contábil direcionar a qual entidade deve ser paga a contribuição devida, motivo pelo qual ele é, sem qualquer sombra de dúvida, um dos mais extraordinários elos de ligação entre a entidade sindical e os seus filiados. Se você, dirigente sindical nessas condições, ainda não tinha atentado para esse importante elo de ligação representado pelos Escritórios Contábeis, passe doravante a considerá-lo.

O próximo passo é desenvolver uma ampla e bem cuidada pesquisa junto aos seus representados.

Como eles observam a atuação do sindicato? Quais são as falhas por eles apontadas? O que, na visão crítica por eles externada, precisa ser feito ou melhorado? A entidade atende aos anseios dos seus contribuintes? Quais são as principais metas e objetivos, comuns à categoria pelas quais o sindicato precisa dedicar-se? Para onde caminha o seu segmento econômico? Quais são as suas tendências?

Essas e uma infinidade de outras questões podem ser dirimidas numa pesquisa desse jaez. Nos dias atuais ela é uma necessidade imperiosa em todos os setores empresariais.

Além de empresas especializadas, existem organismos oficiais, como, por exemplo, o SEBRAE — Serviço de Apoio às Pequenas e Microempresas, que promove serviço correlato, mediante o estabelecimento de parceria com o sindicato representativo da categoria econômica.

Enfim, o setor precisa ser ouvido, auscultado. Uma boa pesquisa dará essas respostas e outras importantes respostas.

O seguinte diz respeito à montagem de um igualmente bem aparelhado departamento de Expansão Social.

Chega de envio de mala-direta, geralmente inodora, insípida e insossa, e invariavelmente com retorno de menos de 2% do universo consultado respondendo aos convites para integrar o quadro social.

Não há nada melhor de que uma visitação pessoal ao contribuinte, feita por representante treinado para tal. Estará sendo estabelecida uma ponte direta entre a entidade e o representado. Quanta informação importante esse mesmo representado poderá receber do agente treinado pelo sindicato, esclarecendo os muitos serviços e atividades prestadas pela entidade e que são desconhecidas da coletividade.

Em contrapartida, ele terá a oportunidade de trazer uma ou uma série de questões ou de dúvidas a respeito da entidade, que se convenientemente esclarecidas trará um novo e importante sócio para a entidade.

Existe uma mão-de-obra disponível no mercado que somente poderá ser superada por profissionais altamente especializados, mas que geralmente seu alto custo inibem sua contratação.

Essa alternativa chama-se aposentados, hoje — mais do nunca — totalmente marginalizados pelo mercado de trabalho.

Pessoas na faixa dos 50 anos em diante, gozando de ótima saúde, vitalidade, com uma incrível disposição para o trabalho. Além desses atributos, seus cabelos brancos são a melhor garantia de um trabalho extremamente confiável.

E comprovadamente de baixo custo. Portanto, acessível a todos os bolsos. Basta um bom e competente trabalho de seleção desse pessoal, cujo contingente é bastante numeroso.

Coerentes com nossas palavras no início deste capítulo ao afirmar que o trabalho sindical deve ser desenvolvido por profissionais, sem improvisações ou amadorismos, salientamos que nesta sugestão não há nenhuma contradição. A chefia deve ser executada por profissional até com desejável experiência em atividade senão especificamente semelhante (o que pelo ineditismo é um pouco difícil) pelo menos com vivência congênere, a quem competirá selecionar e treinar uma equipe formada por este tipo de trabalhadores que serão os agentes de campo do sindicato para este desiderato.

Vale novamente enfatizar que o importante não será somente o trabalho de captação do associado e sim de sua fidelização ao quadro social.

De pouco ou nenhuma será a valia de obter-se sua filiação no quadro de associados espontâneos se a entidade não trilhar por um trabalho diretivo sustentado que fidelize esses novos sócios.

Se isso ocorrer, poderá até haver um número expressivo de captação de novos sócios, seguido, porém de deserção em seguida. Isto não pode acontecer.

Fica claro que, antes do início dessa campanha social, o sindicato precisará estar preparado com toda a sua infra-estrutura, entendendo-se aí desde o plano estratégico de ação diretiva até suas atividades administrativas essenciais.

Esta é a base fundamental. O restante terá de ser implementado de forma progressiva, como será o caso do rol de serviços a ser oferecido aos associados.

Existe um leque muito grande de convênios e parcerias que podem ser estabelecidos pela entidade sindical com empresas, entidades e instituições.

Planos de saúde com empresas de medicina de grupo, serviços odontológicos, assistência contábil, tributária, de recuperação de impostos, convênios com instituições financeiras para disponibilização de linhas de crédito de fácil acesso, parcerias na área do turismo, do lazer, e mais um sem número de eventuais itens. Inclusive a instalação de um serviço de atendimento ao associado, nos moldes que as grandes empresas mantêm em relação aos seus consumidores, guardadas, é claro, as devidas proporções.

Enfim, o leque é enorme. Basta visualizar quais são os serviços que o setor mais deseja ou até se ressente. E também qual é a estrutura que o sindicato possui para o atendimento ao associado, conciliando-os.

Aqui o mais importante é aliar boa qualidade com preços atraentes e altamente diferenciados dos de mercado. O sindicato deve aparelhar-se antes de celebrar esses convênios.

De pouco adianta anunciá-los e não possuir estrutura para mantê-los, com o desejável e até imprescindível padrão de bom atendimento dos associados.

Prestação de serviços exige isso, sob pena do efeito ser contrário. Em vez de projetar boa imagem, poderá gerar queima dessa imagem, que nem sempre pode ser recuperada, pela quebra de confiança, o que precisa ser evitado a qualquer custo.

Não será em todos os itens dessa ampla, média ou pequena lista de itens de prestação de serviços que o sindicato poderá ambicionar ter um componente financeiro que traga a geração de novos recursos pecuniários à entidade.

O que importa é que os convênios e parcerias sejam bons para os associados. Bons serviços, bons produtos, por excelentes preços.

O associado saberá reconhecer isso. A melhor imagem disso está retratada naquilo já enfatizado neste livro. Todos nós temos uma tendência de não pagar valor (ainda que desprezível) por imposição de ninguém.

Todavia, se formos bem servidos, poderemos despender um valor sensivelmente maior e o faremos até com satisfação.

Geralmente não ficamos sócios de um clube que não nos oferece maiores opções de lazer, cujas instalações não são bem cuidadas, cujos funcionários não são eficientes, etc.

É claro que essa comparação com o sindicato não é a mais perfeita. Aliás, não era, porque fosse a entidade semelhante ao exemplo acima, como contribuintes deveríamos pagar e ficar quietos. Mas hoje a situação já é diferente. Temos de pagar, mas podemos não fazê-lo. E assim como nós, outros que são sócios desse clube e possuem a mesma insatisfação podem tomar idêntica decisão.

Até que uma instância superior, determinada por quem de direito, venha julgar essa pendência, quem sairá perdendo em potencial será a parte contrária, que em função dessa inadimplência coletiva poderá — senão deixar de existir — encolher sensivelmente, tendo de reduzir tudo: instalações, serviços, empregados, etc.

Hoje, a chamada parte contrária sãos os sindicatos. De nada adiantará brigar com seus contribuintes por falta de pagamento de contribuições ditas obrigatórias, ainda que respaldadas na lei.

Se ele, contribuinte, decidir não pagar, quem irá à ruína não será o contribuinte, ainda que a instância superior determinada por quem de direito, obrigue-o a honrar os pagamentos em atraso.

Quem sofrerá na carne serão os sindicatos, pois hoje eles são a parte mais fraca, além do que brigar com o associado em razão de motivo pecuniário será no mínimo uma estupidez. Como que alguém que foi criado (como instituição) para acima de tudo me proteger na qualidade de órgão de proteção legal da categoria a que eu pertenço, pode levar adiante uma briga tendo por causa valores que eu deveria ter recolhido e não o fiz? Tem sentido?

Se não tem com um, dois, três, cem, quinhentos, imaginem então com 1, 2 ou 5 mil (ou ainda mais, dependendo da categoria econômica ou profissional) que estão inadimplentes, não só com a contribuição deste exercício. Dos últimos, também.

Para encerrar. Ou os dirigentes dos sindicatos de comportamento em desacordo com a nova realidade tomam juízo, fazem sua extensa lição de casa e mudam seu comportamento, ou simplesmente desaparecerão. As entidades (exceto as de "gaveta") jamais fecharão suas portas. É certo que sofrerão enorme baque, terão de encolher, mudar completamente de configuração. Mas continuarão existindo. O sindicato não tem nem pode ter donos, assim como não pode abrigar senhores feudais.

Ainda que se transforme em massa falida, competirá à categoria dar-lhe nova vida. Ainda que muito mais modesta que a anterior. Até porque é preferível ser modesto, porém vivo e atuante.

Desabará o mandatário. Este sim, desaparecerá. E não deixará saudade.

De tudo na vida aprende-se inesquecíveis lições.

Talvez essa inadimplência monstro, essa insatisfação insustentável que tomou conta da maior parte do sindicalismo brasileiro sirva como o remédio mais amargo, o depurativo mais adstringente, penetrante e acre, que o sindicalismo nacional tenha sido obrigado a tomar.

Mas que o resultado produzido por esse vigoroso medicamento traga a purificação que ele necessita para purificar-se.

Que após refazer-se desses males que o acometeram e após o período de convalescença, ele ressurja forte e revigorado.

Que os contribuintes, associados e todos aqueles que compõem as coletividades quer da categoria econômica ou de trabalhadores de todas as entidades sindicais do nosso glorioso Brasil tomem a necessária consciência do papel que lhes cabe nessa nova fase da vida sindical nacional, onde não cabe mais a presença de entes tuteladores e de falsos e enganosos representantes.

Ele tem de caminhar por suas próprias pernas, ser grande, forte, verdadeiramente vigoroso e representativo das suas coletividades, além de celeiro de novos, lúcidos e combativos representantes que venham contribuir para o aprimoramento da vida pública nacional, servindo-a e não servindo-se dela!

BIBLIOGRAFIA CONSULTADA

CALDAS, Suely (2000), *A reforma trabalhista,* Jornal "O Estado de S.Paulo", 3.9.2000, São Paulo.

CHAGAS, Carlos (1998), *Constituição Brasileira, dez anos depois uma simples folha de papel,* Jornal da Ordem dos Advogados do Brasil OAB-Nacional, outubro/98, Brasília.

GALVÃO, Anita (1999), *O desmanche dos sindicatos,* Jornal do Técnico — SINTEC/SP, janeiro/99, São Paulo.

INFANTE, Lázaro Antonio (1999), *História do associativismo no Brasil e no mundo;* Sindicato do Comércio Varejista de Material de Construção, Maquinismos, Ferragens, Tintas, Louças e Vidros da Grande São Paulo — Convênio Sebrae-SP/Sincomavi, São Paulo.

LOGUERCIO, José Eymard (2000), *Pluralidade Sindical, da legalidade à legitimidade no sistema sindical brasileiro,* Editora LTr, São Paulo.

MAGANO, Octávio (1998), *Modelo político e atividade sindical,* em "Direito Sindical Brasileiro"/Ney Prado, coordenador, Editora LTr, São Paulo.

MORALES, Cláudio Rodrigues (1998), *Manual prático do sindicalismo,* Editora LTr, São Paulo; (2000), *Das contribuições aos sindicatos — Manual com roteiro prático,* Editora LTr, São Paulo.

MOURA, Enilson Simões de (2000), *Enganos e hipocrisia da legislação trabalhista,* Jornal "Gazeta Mercantil", 23.2.2000, São Paulo.

MUSSALEM, José Souto Maior (2000), *Sindicalismo brasileiro: novas formas de atuação,* Informativo da Federação do Comércio do Estado de Pernambuco, junho de 2000, Recife, PE.

PASTORE, José (1997), *A agonia do emprego,* Editora LTr, São Paulo; (2000), *Mudanças no modo de trabalhar,* Jornal "O Estado de S.Paulo", 29.8.2000, São Paulo.

PERES, Leandra (2000), *Moratória de dívida externa atingiria empresas,* Jornal "O Estado de São Paulo", 3.9.2000, São Paulo.

PINTO, Almir Pazzianotto (1995), *A velha questão sindical... e outros temas,* Editora LTr, São Paulo.

SILVA, Antônio Alves (1998), *Unidade e pluralidade sindical,* em "Direito Sindical Brasileiro"/Ney Prado, coordenador, Editora LTr, São Paulo.

SILVA FILHO, Fernando Paulo da (1998), *As contribuições compulsórias e os precedentes normativos*, Revista "RTA Relações Trabalhistas Atualidades", setembro/outubro-98, São Paulo.

REBELO, Aldo (1998), *Uma farsa*, Revista "Repórter Fecesp" (Federação dos Empregados no Comércio do Estado de São Paulo), dezembro/98, São Paulo.

ROMITA, Arion Sayão (1993), *Sindicalismo, economia, estado democrático — estudos*, Editora LTr, São Paulo.

VARGAS NETTO, João Guilherme (1998), *Unidade, mais do que nunca*, revista "Repórter Fecesp" (Federação dos Empregados no Comércio do Estado de São Paulo), outubro/98, São Paulo.